# ताजमहल का उद्घाटन

[नाटक]

# ताजमहल का उद्घाटन

अजय शुक्ला

राजकमल प्रकाशन
नयी दिल्ली पटना इलाहाबाद कोलकाता

इस नाटक के सभी पात्र काल्पनिक हैं। नाटक के मंचन करने वाले निर्देशक इस बात का विशेष ध्यान रखें कि कोई भी पात्र किसी भी नेता अथवा किसी भी अन्य व्यक्ति के व्यक्तित्व का अनुकरण करता अथवा उसे प्रतिबिम्बित करता प्रतीत न हो, जिससे कि नाटक की गरिमा बनी रहे। नाटक के सर्वाधिकार लेखक के पास सुरक्षित हैं। नाटक का मंचन करने से पहले लेखक की लिखित अनुमति अनिवार्य है।

e-mail : ajay_shukla10@yahoo.com

ISBN : 978-81-267-2687-5

**मूल्य** : ₹ 200



**पहला संस्करण** : 2014

**प्रकाशक** : राजकमल प्रकाशन प्रा. लि.
1-बी, नेताजी सुभाष मार्ग, दरियागंज
नई दिल्ली-110 002

**शाखाएँ** : अशोक राजपथ, साइंस कॉलेज के सामने, पटना-800 006
पहली मंजिल, दरबारी बिल्डिंग, महात्मा गांधी मार्ग, इलाहाबाद-211 001
36 ए, शेक्सपियर सरणी, कोलकाता-700 017

वेबसाइट : www.rajkamalprakashan.com
ई-मेल : info@rajkamalprakashan.com

**मुद्रक** : बी.के. ऑफसेट
नवीन शाहदरा, दिल्ली-110 032

TAJMAHAL KA UDGHATAN
*Play by* Ajay Shukla

# ताजमहल का उद्घाटन

# पात्र

1. औरंगज़ेब
2. दरबारी 1
3. दरबारी 2
4. दरबारी 3
5. दरबारी 4
6. दरबारी 5
7. दरबारी 6
8. दारा शिकोह
9. गुप्ताजी
10. ज़फ़र
11. ज्योतिषी
12. जज 1
13. जज 2
14. जज 3
15. बेगम 1
16. बेगम 2
17. बेगम 3
18. डॉक्टर
19. ख़ानसामा
20. बार वेटर
21. बार मैनेजर
22. पत्रकार 1
23. पत्रकार 2 (मुक्ता)
24. एंकर 1
25. एंकर 2 (पंकज)
26. भइयाजी
27. शर्माजी
28. सुधीर
29. भिखारी
30. चारु

# अंक 1

*['ब अदब...ब मुलाहिज़ा...होशियार....ख़बरदार...शहंशाहे हिन्दुस्तान...तख़्ते नूर...आलमगीर...बादशाह औरंगज़ेब तशरीफ़ ला रहे हैं' की आवाज़ के साथ ही मंच पर प्रकाश होता है।*

*औरंगज़ेब के दरबार का दृश्य। मंच के मध्य में सिंहासन रखा है। दाएँ-बाएँ छह दरबारी खड़े हैं।*

*औरंगज़ेब का प्रवेश। वह सिंहासन पर बैठ जाता है।]*

**औरंगज़ेब** : आज हमें हिन्दुस्तान के तख़्त पर बैठे एक साल हो चला है। ये एक साल किन-किन परेशानियों में बीता, मैं ही जानता हूँ! एक तरफ़ ये दारा शिकोह...नामुराद...और दूसरी तरफ़ दक्खन की बग़ावत। जीना हराम हो गया था मेरा। अब दक्खन भी शान्त है और दारा भी ठंडा कर दिया गया है। अब हम सुकून से हुकूमत कर सकेंगे। हम जानना चाहते हैं कि हमारी रियाया हमसे ख़ुश तो है न, क्या सोचती है हमारे बारे में, क्या चाहती है मुझसे। अब आप लोग ही बताइए, क्या हुआ? आप सब ऐसे चुप क्यों हैं...बताइए...हाँ...हाँ...बेख़ौफ़ होकर, सच-सच बताइए।

**दरबारी 1** : सच? सच? मैं...मैं तो एक गौरमैंट सरवेंट हूँ हुज़ूर!

**दरबारी 3** : और मैंने आपका नमक खाया है हुज़ूर!

**औरंगज़ेब** : मैं समझ सकता हूँ। जिस प्रकार से ये सत्ता-परिवर्तन हुआ, उससे जनता में एक अनिश्चय की सी स्थिति बन गई थी, पर अब तो सब ठीक हो गया है, है न? ताजमहल का काम भी शुरू होने ही वाला है। गुप्ताजी कहते हैं कि टेंडर खुल चुका है। कहाँ हैं गुप्ताजी? सुना है, काम भी कुछ शुरू हो चुका है। मेरे वालिद साहब तो पच्चीस बरस में भी करा न सके। अब लोग कहेंगे कि कुछ हो तो रहा है! मुझे जनता का विश्वास जीतना है।

**दरबारी 5** : हुज़ूर, गुस्ताख़ी माफ़ हो तो कुछ अर्ज़ करूँ?

**औरंगज़ेब** : हाँ-हाँ, कहिए-कहिए।

**दरबारी 5** : हुज़ूर, आपके पीछे दारा शिकोह ने फिर से सिर उठा लिया है।

**दरबारी 1** : बल्कि यूँ कहें कि दिल्ली को सिर पर उठा लिया है।

**दरबारी 6** : जी हुज़ूर, बवाल मचा के रख दिया है उसने।

**औरंगज़ेब** : अच्छा, क्या कर रहा है आजकल वो?

**दरबारी 5** : बड़ी पॉलिटिक्स कर रहा है हुज़ूर!

**दरबारी 3** : जनता को भड़का रहा है। अफ़वाहें फैला रहा है।

**दरबारी 2** : मैं तो पहले ही कहता था, ये ऐसे नहीं मानेगा। इसका पूरा इलाज करना ही पड़ेगा, पर मेरी कोई सुने तब न! हाँ, नहीं तो!

**औरंगज़ेब** : दारा शिकोह...वो...

*[दारा शिकोह का प्रवेश। दर्शकों को सम्बोधित करते हुए!]*

**दारा शिकोह** : हाँ, मैं दारा शिकोह हूँ। इस गद्दी का असली हक़दार। इस औरंगज़ेब का गद्दी पर बैठना बिलकुल नाजायज़

है, ग़ैर-क़ानूनी है। ये कह रहे हैं, इन्हें जनता का विश्वास जीतना है...हुँह! जो अपने बाप का न हुआ वो जनता का क्या होगा? अगर ये जनता का विश्वास ही जीतना चाहते हैं, तो चुनाव लड़ लें। ये तानाशाही अब और नहीं चल सकती। मैंने सुप्रीम कोर्ट में केस कर दिया है। देखते हैं, कब तक बनी रहती है गद्दी इनकी! मैं ऐसे चुप रहनेवाला नहीं। डाउन विथ डिक्टेटरशिप। *(चला जाता है)*

**औरंगज़ेब** : मैं और तानाशाह, ओह माई गॉड...क्या ज़माना आ गया है...!

**दारा शिकोह** : *(पुन: आकर)* भाइयो और बहनो, देखिए, बादशाह सलामत यानी मिस्टर औरंगज़ेब सरकारी ख़र्चे से, यानी आपके पैसे से, एक निजी काम करवाना चाह रहे हैं, ताजमहल बनवाना। अब ताजमहल एक पर्सनल काम ही तो हुआ, है कि नहीं? ये कोई सरकारी काम तो है नहीं! क्यों भाइयो और बहनो, मैं कुछ ग़लत तो नहीं कह रहा हूँ? ये सरकारी पद का दुरुपयोग है। ये भी सुप्रीम कोर्ट में रखूँगा। और ताजमहल में कितना ख़र्च हुआ है, कितना भ्रष्टाचार हुआ है, मुझे एक-एक बात की ख़बर है। इसकी सीबीआई जाँच हो, ऐसी माँग करता हूँ। *(चला जाता है)*

**औरंगज़ेब** : ये सीबीआई किस चिड़िया का नाम है?

**दरबारी 3** : आपके तोते का हुज़ूर।

**औरंगज़ेब** : ये ताजमहल भी बिलकुल बोफोर्स हो गया है, पीछा ही नहीं छोड़ता...पर इसको यह सब पता कैसे चल जाता है? कहता है कि एक-एक बात की ख़बर है...यह तो सब सरकारी...

**दरबारी 1** : बताना होता है हुज़ूर!

**औरंगज़ेब** : क्यों?

**दरबारी 6** : क़ानून जो बन गया है, सब कुछ खुल जाता है।

**औरंगज़ेब** : ऐसा क़ानून किसने बनाया?

**दरबारी 6** : आपके वालिद साहब ने।

**औरंगज़ेब** : उनसे यही उम्मीद थी मुझे। हमेशा उलटा काम करते थे।

**दरबारी 2** : मैं तो पहले ही कहता रहता था कि ऐसा क़ानून न बनाएँ, पर मेरी कोई सुने तब न! मेरी तो कोई वैल्यू ही नहीं है यहाँ। हाँ, नहीं तो!

**दरबारी 3** : वैसे भी आधे से ज़्यादा सरकारी लोग तो उसी दारा शिकोह से मिले हुए हैं। इधर फाइल पर कुछ लिखा और उधर मोबाइल पर ख़बर हो गई। फाइल की फ़ोटो भी चली जाती है उससे...वो क्या है...वोट्स एप्प से।

**औरंगज़ेब** : मोबाइल भी एक मुसीबत हो गया है...अरे, मेरे रिचार्ज का क्या हुआ?

**दरबारी 1** : गुप्ताजी को कहा है नया सिमकार्ड लाने को हुज़ूर, लाते ही होंगे। न जाने कहाँ रह गए वो!

**दरबारी 2** : मुझसे कहा होता तो अब तक ले भी आता...पर मेरी तो कोई पोजीशन ही नहीं है यहाँ। हाँ, नहीं तो!

**दरबारी 4** : यहाँ तो कुछ भी कहना...बिल्ली के आगे बीन बजाना है।

**दरबारी 2** : बिल्ली नहीं, भैंस।

**दरबारी 4** : हाँ–हाँ, भैंस के आगे सितार बजाना।

**औरंगज़ेब** : गुप्ताजी को तलब करो। अरे देखो...देखो, वो फिर आ गया।

**दारा शिकोह :** *(पुनः आकर)* और फिर आप गौर करें साहिबान कि इनकी सरकार सेक्यूलरिज्म का न सिर्फ़ दावा करती है बल्कि सारे टाइम उसी का राग अलापती रहती है, पर ये औरंगज़ेब बिलकुल कम्युनल है, जनता को गुमराह कर रहा है...*(चला जाता है)*

**औरंगज़ेब :** मैं और कम्युनल! राम-राम! कैसा कलियुग आ गया है! और ये नालायक, अब ये भी सेक्यूलरिज्म की बातें करने लग गया है, कल को शायद ये डेमोक्रेसी की भी बात करेगा...वैसे ये सेक्यूलरिज्म होता क्या है?

**दरबारी 6 :** धर्मनिरपेक्षता हुजूर!

**औरंगज़ेब :** और वो क्या होता है?

**दरबारी 1 :** होता तो वो भी कुछ नहीं है हुजूर, लेकिन पॉलिटिक्स में बहुत काम आता है। जो आपका विरोध करे, उसे बस कम्युनल कह दीजिए। आजकल की एक सुसंस्कृत गाली है ये।

**औरंगज़ेब :** आजकल तो मुँह खोलने से भी डर लगता है, न जाने क्या बात निकल जाय और कोई कह दे कि ये कम्युनल हैं। इन सेक्यूलर वालों ने भी नाक में दम करा हुआ है...जमकर कोड़े लगाए जाने चाहिए इन उचक्कों के...

**दारा शिकोह :** *(पुनः आकर)* भाइयो और बहनो, मैंने एक पब्लिक इंटरेस्ट मुक़दमा कर दिया है हुकूमत के ख़िलाफ़। ये ताजमहल बनवाना सरकारी पैसे का दुरुपयोग है और केवल भ्रष्टाचार को बढ़ावा देने का काम है, है कि नहीं? देखते हैं, कैसे बनता है ताजमहल! अब मैं जा रहा हूँ सुप्रीम कोर्ट, सीबीआई के दफ़्तर और जन्तर-मन्तर। केस करूँगा, आन्दोलन

करूँगा, इस औरंगज़ेब को हुकूमत नहीं करने दूँगा। यहाँ डेमोक्रेसी आनी चाहिए। अब तानाशाही और नहीं चलेगी। डिक्टेटरशिप मुर्दाबाद!

**औरंगज़ेब** : अरे बहुत हो गया...अब इसे बाहर करो।

**दरबारी 1** : अच्छा, जनाब, बहुत हो गया...अब आप निकल लीजिए यहाँ से...!

**दरबारी 5** : हाँ, आप कट लीजिए!

**दारा शिकोह** : तू जानता भी है, किससे बात कर रहा है?

**दरबारी 3** : तू होता कौन है?

**दारा शिकोह** : मैं? मैं समय हूँ।

**दरबारी 6** : जनाब, रास्ता नाप लीजिए यहाँ से!

**दारा शिकोह** : डोंट यू टच मी, मिस्टर!

**दरबारी 1** : यक़ीन मानिए मियाँ, मेरा ग़ुस्सा बड़ा ख़राब होता है।

**दारा शिकोह** : हाथ न लगाना मुझे!

**दरबारी 3** : हमको ज़्यादा बकैती न दिखा...जानता नहीं, हम डालीगंज के हैं?

**दारा शिकोह** : ...नाओ आई से, दिस इज़ टू मच...जस्ट टू मच...आई विल सी यू। यस...आई विल सी यू ऑल।

**दरबारी 1** : देखो मियाँ...हमसे ज़्यादा अंग्रेज़ी न बोलो।

**दारा शिकोह** : अरे, तू ये क्या बिल्ली की तरह म्याऊँ-म्याऊँ करे चला जा रहा है...यू कम्युनल...मैं चला सुप्रीम कोर्ट...अभी फ़रमान आता होगा, तलब होंगे अदालत में तब पता चलेगा इन्हें...जयरामजी की...*(चला जाता है)*

**दरबारी 3** : अच्छा, अब निकल यहाँ से...गेट आउट यू!

**औरंगज़ेब** : चला गया?

**दरबारी 6** : सुप्रीम कोर्ट की धमकी दे के गया है हुज़ूर!

**औरंगज़ेब** : साला!

**दरबारी 5** : साला नहीं, बड़ा भाई, भाई साहब।

**दरबारी 4** : ये तो वही बात हुई कि मेरी ही मुर्ग़ी मुझी से म्याऊँ।

**दरबारी 2** : मुर्ग़ी नहीं, बिल्ली।

**दरबारी 4** : अरे, एक ही बात है।

**औरंगज़ेब** : सुप्रीम कोर्ट की धमकी...सुप्रीम कोर्ट क्या होता है मेरे सामने...मैं सुप्रीम कोर्ट की परवाह नहीं करता...वैसे किसने बनवाया था ये सुप्रीम कोर्ट?

**दरबारी 6** : आपके बाप ने हुज़ूर!

**औरंगज़ेब** : उनसे मुझे यही उम्मीद थी...सुप्रीम कोर्ट क्या कर लेगा मेरा? भंग कर दूँगा सुप्रीम कोर्ट को ही, इमरजेंसी लगा दूँगा, हम बादशाह हैं...जो चाहे कर सकते हैं।

**दरबारी 6** : ऐसा न बोलें हुज़ूर, कहीं किसी पत्रकार ने सुन लिया तो बस और बवाल खड़ा हो जाएगा।

**दरबारी 3** : जी हुज़ूर, तहलका मच जाएगा। वैसे ही अख़बार वाले आजकल...

**औरंगज़ेब** : अरे ना भाई ना, मैं कोई तहलका-वहलका नहीं चाहता हूँ।

**दरबारी 1** : वैसे भी अख़बारों में बहुत-कुछ छप रहा है आजकल।

**औरंगज़ेब** : ये अख़बारवाले तो कुछ भी छाप देते हैं। क्या...क्या छप रहा है वैसे?

**दरबारी 5** : यही...कि ताजमहल बनाने में बड़ा घोटाला हो रहा है।

| | | |
|---|---|---|
| **औरंगज़ेब** | : | यह लोग तो बीस साल से गला फाड़–फाड़कर यही चिल्ला रहे हैं। |
| **दरबारी 5** | : | लिखा है...ताजमहल बनाने के काम में अफ़सरों और ठेकेदारों ने मिलकर खूब धाँधली की। |
| **औरंगज़ेब** | : | तो इसमें न्यूज़ क्या है? नया क्या है इस बात में? |
| **दरबारी 1** | : | और लिखा है कि भ्रष्ट लोगों ने मिलकर बहुत पैसे बनाए। |
| **औरंगज़ेब** | : | पर इसमें करप्शन का सवाल कहाँ से उठ गया? पैसे तो हमारी टकसाल भी बनाती है। इसका मतलब ये तो नहीं कि टकसाल भ्रष्ट हो गई है! इन लोगों को तो कोयले में भी काला नज़र आता है। कुछ भी लिख देते हैं। कोई कंट्रोल नहीं है इन पर? |
| **दरबारी 1** | : | न हुज़ूर! प्रेस तो स्वतंत्र है। |
| **औरंगज़ेब** | : | स्वतंत्र है...हूँ...देखूँगा इन्हें भी एक दिन...लगाम लगानी ही होगी। |
| **दरबारी 2** | : | मैं कहता हूँ, लगान लगा दीजिए हुज़ूर! हाँ, नहीं तो! |
| **दरबारी 6** | : | हुज़ूर, कोई पत्रकार आपसे मिलना चाह रहा है। |
| **औरंगज़ेब** | : | फिर आ गए? कह दो कि मैं बिज़ी हूँ...अरे गुप्ताजी आए कि नहीं अभी तक? |
| **दरबारी 6** | : | अरे साब, इत्ता कह देने से टल जाए तो वो पत्रकार काहे का हुआ! |
| **औरंगज़ेब** | : | अरे, इन प्रेसवालों से कैसे निबटूँ? जब से तख़्त पर बैठा हूँ, जीना हराम करके रख दिया है इन दुष्टों ने तो! जिसे देखो, कैमरा लटकाए घूमता फिरता नज़र आता है—टी.वी. रिपोर्टर हूँ, बाइट चाहिए...दो जूते लगाने का दिल करता है। मन करता है, उसी को बाइट कर लूँ...ख़ासतौर से उस काले चश्मे |

वाले को! बड़ा जासूस समझता है अपने आपको, खोजी पत्रकार हूँ, इंवेस्टिगेटिव रिपोर्टिंग करता हूँ, हरामी कहीं का! शरलक होम्स की नाजायज़ औलाद! हर समय तो दाढ़ी ही खुजलाता रहता है। पता नहीं, क्या खोज करता है! बड़ा इर्रिटेशन होता है देखकर, टेंशन और बढ़ जाता है।

**दरबारी 4** : क्या बात है! ज़रूर दाढ़ी में तड़का होगा।

**औरंगज़ेब** : पर ये मेरे पीछे क्यों पड़े हुए हैं?

**दरबारी 5** : दरअसल ये सत्ता-परिवर्तन लोगों को अभी ठीक से हज़म नहीं हुआ है हुज़ूर!

**दरबारी 3** : ख़ासतौर पर आपने अपने वालिद साहब को क़ैद में जो डाल दिया था...

**औरंगज़ेब** : जानता हूँ, इसीलिए वो मुझे क़ैद-ए-आज़म कहते हैं। पर मैं क्या करूँ? ये प्रेस वाले कुछ ज़्यादा ही सिर उठा रहे हैं, कुछ भी छाप देते हैं। ऐसा करता हूँ, सेंसरशिप लगा देता हूँ। बन्द कर देता हूँ इन अख़बारों को ही।

**दरबारी 4** : क्या बात है! न बाँस रहेगा न ढोलक बजेगी।

**दरबारी 3** : पर कम्युनिस्ट इसका विरोध करेंगे।

**औरंगज़ेब** : करने दीजिए, उनका काम ही है विरोध करना।

**दरबारी 3** : लोग अनशन पर भी बैठ सकते हैं हुज़ूर!

**औरंगज़ेब** : इस मुल्क में करोड़ों को तो वैसे ही अनशन पर रहना पड़ता है, क्या फ़रक पड़ता है!

**दरबारी 6** : पढ़े-लिखे लोग, मिडिल क्लास के, वे भी विरोध करेंगे।

**औरंगज़ेब** : जानता हूँ, इंडिया गेट पर मोमबत्ती लेकर कैंडिल मार्च करेंगे। उससे सिर्फ़ मोमबत्तियों के दाम बढ़ जाते हैं और कुछ नहीं होता। और क्या करेंगे? एक

दूसरे को मैसेज भेजेंगे उस पर। क्या कहते हैं उसे...हाँ, फेसबुक पर...है न...उस पर भी बैन लगा देता हूँ।

**दरबारी 2** : ऐसा कुछ न करें हुजूर! आप मेरी भी कुछ सुन लीजिए, नहीं तो बाद में पछताएँगे, क्राइसिस खड़ी हो जाएगी। हाँ, नहीं तो!

**औरंगज़ेब** : पहले ही कोई कम क्राइसिस है क्या? बड़ा टेंशन हो रहा है...मेरा हुक्का कहाँ है? जल्दी कुछ करके दिखाना होगा...ताजमहल...गुप्ताजी को बुलाओ–पता करें, ताजमहल का काम कहाँ तक पहुँच पाया। ऐसा करो, उस तोते वाले ज्योतिषी को भी बुला लाओ, वही कुछ बता पाएगा–क्या करना चाहिए। देखें, आज का भविष्य क्या है...मेरा हुक्का?

*[तोता लेकर ज्योतिषी का प्रवेश]*

**ज्योतिषी** : *(आते हुए)* जजमान...जजमान...तेरा बुरा समय आ गया है।

**औरंगज़ेब** : अरे, ये तो मुझे भी लग रहा है।

**ज्योतिषी** : बड़ा अनिष्ट होनेवाला है, बड़ा अनिष्ट।

**औरंगज़ेब** : ओ माई गॉड!

**ज्योतिषी** : तुझ पर ख़तरे का साया मँडरा रहा है।

**औरंगज़ेब** : वो पत्रकार अभी भी खड़ा है क्या?

**ज्योतिषी** : नहीं। पत्रकार की छोड़, तू तो उसकी चिन्ता कर जो तुझे डसनेवाला है...ढैया।

**औरंगज़ेब** : ढैया...ओ एम जी...

**ज्योतिषी** : ओ एम जी नहीं। ओ शनि जी। साढ़ेसाती दाएँ है और शनि बाएँ, राहु ऊपर और केतु नीचे।

**औरंगज़ेब** : ओह नो...पर कुछ कर भी तो सही, कुछ जन्तर-मन्तर...

**ज्योतिषी** : जन्तर-मन्तर से भी काम नहीं चलेगा। वहाँ तो पहले से ही लोग धरने पर बैठे हैं।

**औरंगज़ेब** : तो फिर क्या करना होगा?

**ज्योतिषी** : शनि को शान्त करना होगा। सुन ध्यान से, हर शनिवार को दोपहर ठीक बारह बजे, लाल कमीज और लाल टोपी पहनकर चौराहे वाले साँड़ को पीपल के पत्ते से तमाखू वाला पान खिलाना होगा, और श्रद्धा के साथ उसे नमस्कार करना होगा, समझा?

**औरंगज़ेब** : लाल कपड़ा पहनकर...लाल टोपी पहनकर...जिससे वो मुझे मार ही डाले?

**दरबारी 4** : ये तो वही बात हुई-आ साँड़, मुझे मार!

**औरंगज़ेब** : अच्छा, ज़रा पूछ तो इस तोते से कि मेरे जीते जी ताजमहल बनेगा कि नहीं...और तोते को बोलो, कुछ अच्छा सा निकाले, नहीं तो टेंटुआ दबा दूँगा इसका।

**ज्योतिषी** : देखिए, इस पर अच्छी रिपोर्ट देने का सरकारी दबाव मत डालिए। यह मेरा तोता है, कोई आपका थानेदार नहीं कि दबाव में काम करे और आपको मनचाही रिपोर्ट दे दे।

**औरंगज़ेब** : आप तो मेरा टेंशन और बढ़ा रहे हैं। आप अभी जाइए। *(ज्योतिषी उठ जाते हैं)*

**दरबारी 6** : कहाँ जा रहे हैं तोतेजी, जरा मेरा भी भविष्य बताते जाइए!

**ज्योतिषी** : तू कुढ़-कुढ़ के मरेगा। *(ज्योतिषी चले जाते हैं)*

**औरंगज़ेब** : अनिष्ट होनेवाला है...अनिष्ट होनेवाला है...बेवकूफ़ कहीं का! ये ज्योतिषी सच बोलता है क्या?

**दरबारी 1** : जी हुज़ूर, ये हमेशा सच बोलता है। तभी कोई इसकी बात पर यक़ीन नहीं करता है।

**औरंगज़ेब** : ओ माई गॉड, इसने तो टेंशन और बढ़ा दिया...अरे मेरा हुक्का कहाँ है? और गुप्ताजी कहाँ रह गए?

**दरबारी 2** : आराम से...आराम से...सँभालकर...

*[दरबारी 5 हुक्का लेकर प्रवेश करता है। हुक्का 'नो स्मोकिंग' बोर्ड से उलझकर गिर पड़ता है और टूट जाता है।]*

**दरबारी 2** : मैं कह रहा था–सँभालकर...पर मेरी कोई सुने तब न...हाँ, नहीं तो!

**औरंगज़ेब** : यह क्या है? ये किस नाचीज़ की ग़ुस्ताख़ी है? किसने टाँगा था यह?

**दरबारी 3** : आदेश हुए थे हुज़ूर! हर सरकारी दफ़्तर में टाँगा जा रहा है।

**औरंगज़ेब** : तुझे न टाँग दूँ यहाँ? अबे उल्लू, इडियट, ये कोई दफ़्तर है? ये मेरा दीवाने-खास है!

**दरबारी 6** : पर वो शर्मा जी तो कह रहे थे कि...

**औरंगज़ेब** : कौन शर्माजी?

**दरबारी 1** : वही, प्रदूषण बोर्ड वाले। कहते थे...

**औरंगज़ेब** : ये वही शर्मा है न जो हर समय नाक में उँगली घुसेड़े मलबा निकालता रहता है? वो साला मुझे बताएगा कि मैं अपने घर में भी सिगरेट न पीऊँ! दो साल तक ताजमहल का नक्शा दबाए बैठा रहा, ताजमहल को बिजलीघर समझता था वो गधा। मीनारों को चिमनी बोलता था। उसकी चुटिया पकड़कर सस्पेंड कर दो उसे। प्रदूषण की औलाद नहीं तो! जेल भेज दो उसे। शूट हिम! फाँसी पर

चढ़ा दो! जीना हराम कर रखा है इन सरकारी बाबू लोगों ने! अपने को बहुत बड़ा अफ़सर समझता है। और आप क्या करते रहे यहाँ? झक मारते रहे? आपकी समझ में नहीं आया कि यहाँ सरकारी बाबू लोगों की नहीं चलती?

**दरबारी 6** : पर हुज़ूर, ये क़ानून तो आपकी ही इजाज़त से बना था!

**औरंगज़ेब** : इन्हें उठाकर किसी भट्ठी में डाल आओ। अरे अहमक़, ये सब क़ानून आम आदमी के लिए होते हैं, हमारे लिए नहीं।

**दरबारी 2** : मैं पहले ही कह रहा था यहाँ न टाँगिए इसे, लेकिन मेरी कोई क्यों सुने! हाँ, नहीं तो!

**दरबारी 1** : गुप्ताजी आ रहे हैं हुज़ूर।

*[गुप्ताजी का प्रवेश]*

**औरंगज़ेब** : आइए गुप्ताजी, आइए!

**गुप्ताजी** : आदाब अर्ज़ करता हूँ हुज़ूर!

**औरंगज़ेब** : आजकल तो आप बिलकुल मिस्टर इंडिया हो रहे हैं गुप्ताजी, दिखाई ही नहीं देते?

**गुप्ताजी** : बस, काम में लगा था हुज़ूर!

**औरंगज़ेब** : जानता हूँ...ताजमहल जो बनवा रहे हैं आप! रात-दिन लगकर। ...वो भी पच्चीस साल से!...बड़े व्यस्त आदमी हैं आप! रास्ते में कोई तकलीफ़ तो नहीं हुई?

**गुप्ताजी** : नहीं हुज़ूर, बस ज़रा कमर टूट गई है।

**औरंगज़ेब** : क्यों, क्या हो गया?

**गुप्ताजी** : दरअसल आदत छूट गई है।

**औरंगज़ेब** : सफ़र करने की?

**गुप्ताजी** : नहीं हुज़ूर, गाड़ी को धक्का देने की। पिताजी कहते थे, पुरानी गाड़ी में कभी अकेले न चलना। कम से कम चार होने चाहिए। आप कैसे हैं हुज़ूर? कुछ टेंशन में लग रहे हैं!

**औरंगज़ेब** : क्या करें, पॉलिटिक्स में जो हैं! हमेशा टेंशन में रहते हैं।

**गुप्ताजी** : और हम सरकारी नौकर हैं, हमेशा अटेंशन में रहते हैं, पर आप ऐसे टेंशन में क्यों हैं हुज़ूर?

**औरंगज़ेब** : आप देख नहीं रहे, क्या चल रहा है गुप्ताजी? दारा शिकोह ने हंगामा खड़ा किया हुआ है। कभी सीबीआई की धमकी दे रहा है, कभी सुप्रीम कोर्ट की, कभी आन्दोलन की...मैं जनता को क्या जवाब दूँ? ताजमहल का काम आगे बढ़े तो दिखाने के लिए भी कुछ हो, पर वो भी रुका पड़ा है। काम क्यों रुका पड़ा हुआ है गुप्ताजी? मैं जल्दी में हूँ, समय नहीं है मेरे पास।

**गुप्ताजी** : कौन सा काम हुज़ूर?

**औरंगज़ेब** : कौन सा काम? अरे ताजमहल का! और कौन सा काम!

**गुप्ताजी** : अरे, हाँ, याद आया, ताजमहल।

**औरंगज़ेब** : क्या हुआ गुप्ताजी, कहाँ खो गए? बड़े खोए-खोए से रहते हैं आजकल आप! पूरे ही न खो जाइएगा कहीं, वरना ताजमहल का काम कौन देखेगा?

**गुप्ताजी** : क्या करूँ हुज़ूर, कभी-कभी कुछ फ्लैश बैक सा होता नज़र आता है, कभी कुछ रीमिक्स सा हो जाता है।

**दरबारी 2** : मैं पहले ही कहता था कि ज़्यादा टीवी न देखा करें, पर ये मेरी सुनें तब न। हाँ, नहीं तो!

**औरंगज़ेब** : हाँ, गुप्ताजी, अब बताइए, ताजमहल कब तक बन जाएगा? मैं जल्दी उसका उद्‌घाटन करना चाहता हूँ। बताइए।

**गुप्ताजी** : मैं आपको बताना चाह रहा था हुज़ूर कि...

**दरबारी 2** : मेरी मान लीजिए हुज़ूर, ये उद्‌घाटन के लिए सही समय नहीं है।

**औरंगज़ेब** : आप चुप रहिए। हाँ, गुप्ताजी, आप क्या कह रहे थे?

**गुप्ताजी** : मैं आपको बताना ही चाह रहा था हुज़ूर कि...

**दरबारी 1** : हुज़ूर, मैडम लोग आई हैं।

**औरंगज़ेब** : इन्हें भी अभी ही आना था!

*[तीन बेगमों का प्रवेश]*

**बेगम 1** : लो जी, यहाँ बैठे हैं ये, और मैं कहूँ कि तब से कहाँ ग़ायब हो गए!

**बेगम 2** : सुनो जी, हमें शॉपिंग पर जाना था पर वो मुआ मुसद्‌दी कहता है, ख़ज़ाने में पैसा ही नहीं है!

**बेगम 3** : कहाँ गया सारा पैसा?

**औरंगज़ेब** : मुझे डिस्टर्ब मत करो। देख नहीं रही हो, मैं बिज़ी हूँ?

**बेगम 1** : अच्छा, ये गुप्ताजी फिर आ गए सिर पे! ज़रूर ताजमहल की बातें चल रही होंगी। मैं समझती नहीं हूँ क्या? बस, हर समय ताजमहल... ताजमहल!

**बेगम 2** : उस मुई मुमताज़ के लिए तो ताजमहल बने और हमारे लिए कुछ नहीं?

**बेगम 3** : वो निगोड़ी तो मर के भी बाज़ी मार गई, उसी का नाम हमेशा याद किया जाएगा।

**औरंगज़ेब** : भागो यहाँ से तुम सब!

**बेगम 1** : नारियों का तो बस शोषण ही होना है यहाँ।

**औरंगज़ेब** : हाँ-हाँ, दिन-रात ठूँस-ठूँस के भकोसती हो, मुटा-मुटा के भैंस हो गई हो, यही है न शोषण! अच्छा, अब चलो यहाँ से, मैं काम में लगा हूँ।

**बेगम 2** : पर हमारे लिए क्या बनेगा?

**औरंगज़ेब** : ताजमहल के नीचे तहख़ाना, उसी में दफ़न की जाओगी।

**बेगम 3** : ख़ुद ही उसी में जाओगे, देख लेना।

**बेगम 1** : गुप्ताजी बनवा रहे हैं न...बन चुका ताजमहल!

**बेगम 2** : साल भर पहले कहा था-बाथरूम में टाइल्स लगा दो, अभी तक नहीं लगीं।

**गुप्ताजी** : उसका टेंडर निकलने ही वाला है मैडम! सरकारी काम में कुछ टाइम तो लगता ही है!

**बेगम 2** : पर गुप्ताजी, आपका अपना काम नहीं रुकता। सुना है, अब तीसरा होटल बन रहा है आपका?

**औरंगज़ेब** : तुम होती कौन हो ये सब कहने वाली?

**बेगम 2** : मैं आपकी क़मीज़ हूँ।

**बेगम 1** : क़मीज़ नहीं, कनीज़।

**बेगम 2** : मुगले-आज़म में तो क़मीज़ ही कहती थी?

**औरंगज़ेब** : अब बहुत हो गया, निकलो यहाँ से!

**बेगम 3** : जाते हैं, जाते हैं, ज़्यादा झल्लाओ ना, फिर ब्लड प्रेशर बढ़ जाएगा। *(तीनों चली जाती हैं)*

**औरंगज़ेब** : ऑफ्फो...गुप्ताजी, आप उन दिनों स्ट्रेस मैनेजमेंट की एक किताब पढ़ा करते थे न, पढ़ ली हो तो मुझे दे दीजिएगा।

**दरबारी 1** : हुज़ूर, राज कवि आए हैं। कहते हैं कि कोई नई कविता रची है उन्होंने।

**औरंगज़ेब** : उन्हें भी अभी ही आना था! अरे, भगा दो, भगा दो उन्हें। यह भी कोई कविता सुनने का टाइम है गधे! वैसे ही कोई कम टेंशन है जो इनकी कविता भी सुनूँ...और आप हर समय दाढ़ी न खुजलाया करिए, बड़ा इर्रिटेशन होता है देखकर। टेंशन और बढ़ जाता है।

**दरबारी 1** : और शायरे-आज़म भी आए हैं।

**औरंगज़ेब** : भगा दो उन्हें भी।

**दरबारी 3** : सुन भी लीजिए हुज़ूर! कुछ अच्छे शेर लाए हों।

**औरंगज़ेब** : अरे किसकी-किसकी सुनूँ? कान पाक गए हैं मेरे, और इन शायरों को, इन्हें तो देश से निकाल दो। काम न धाम, अपना ही प्रेम-रोग का रोना-धोना लिये बैठे रहते हैं, और हमें सुनाने चले आते हैं।

**दरबारी 5** : हुज़ूर, शायर जज़्बाती होते हैं।

**औरंगज़ेब** : अरे जज़्बात तो ठीक है पर कुछ सेंस भी तो होना चाहिए! जब दिल ही टूट गया, अब जी के क्या करेंगे! अरे जाहिल, अगर दिल टूट गया है तो मैं पूछता हूँ, तू ज़िन्दा कैसे है? जा, भूत कहीं के! जा जहन्नुम में! डूब मर दरिया में!

**दरबारी 3** : इश्क़ में ऐसा ही होता है हुज़ूर!

**दरबारी 4** : क्या बात है!

**औरंगज़ेब** : तो मैं क्या करूँ? अरे, यह भी कोई बात हुई कि एक लड़की आपको छोड़ कर चली गई किसी और के साथ और आप हैं कि चले आए यहाँ, अपना-सा मुँह लेकर, अपना रोना गाना सुनाने- एक नई गज़ल लिखी है, सुन लीजिए! अरे क्यों सुन लूँ? बताइए, क्यों सुनूँ? क्यों सुनूँ कि क्यों छोड़ कर चली गई आपको? मुझे क्या करना-

धरना है इस सबसे! मैं जानता नहीं हूँ क्या? इसलिए छोड़ गई आपको क्योंकि आप बेवकूफ़ हैं, बल्कि ईडियट हैं। काम न धाम बस ग़ज़ल लिखने में लगे रहते हैं! छोड़कर नहीं जाती तो और क्या करती, झक मारती? आपकी ग़ज़लें सुनती ज़िन्दगी भर?... गुप्ताजी, क्या कह रहे थे आप?

**दरबारी 1** : जूनियर तानसेन को बुला दूँ हुज़ूर, गाना सुनकर कुछ मन हल्का होगा?

**औरंगज़ेब** : अरे वो भी क्या, बस रीमिक्स ही बनाता रहता है? ख़ुदा ग़ारत करे उसे, और तुम्हें भी! ये कोई गाना सुनने का टाइम है? माहौल तो देखा करो। यहाँ फ़िज़ा ही ख़राब है।

**दरबारी 1** : *(कोने में)* आप लोग फिर कभी आइएगा, अभी निकल लीजिए यहाँ से! आज बॉस का मूड बहुत ख़राब लग रहा है, बहुत झल्लाए हुए हैं, आप जाइए।

**औरंगज़ेब** : गुप्ताजी, आप क्या कह रहे थे?

**गुप्ताजी** : मैं कह रहा था कि...

**दरबारी 1** : हुज़ूर, एक सिपाही आया है। कहता है, कोर्ट का सम्मन लाया है।

**औरंगज़ेब** : कोर्ट का सामान! यहाँ क्यों लाया है? ये कोई कोर्ट का माल गोदाम है क्या?

**दरबारी 1** : सामान नहीं हुज़ूर, सम्मन।

**दरबारी 2** : मैं कहता था न!

**औरंगज़ेब** : सम्मन? ये क्या होता है?

**दरबारी 6** : कोर्ट मे पेशी है हुज़ूर!

**औरंगज़ेब** : कोर्ट में पेशी! किसकी?

**दरबारी 6** : आपकी हुज़ूर!

**औरंगज़ेब** : मेरी पेशी? कोर्ट की ये मज़ाल कि मेरी पेशी माँगे! मैं ये इजाज़त नहीं दे सकता।

**दरबारी 6** : सब्र से काम लें हुज़ूर, कोर्ट को आपकी इजाज़त की ज़रूरत नहीं है।

**औरंगज़ेब** : क्यों? क्यों नहीं है?

**दरबारी 6** : जुडीसरी स्वतंत्र है हुज़ूर!

**औरंगज़ेब** : स्वतंत्र है? यानी बेलगाम?

**दरबारी 6** : ये मैं कैसे कहूँ हुज़ूर, कंटेम्प्ट ऑफ कोर्ट हो जाएगा।

**औरंगज़ेब** : मैं जाऊँ कोर्ट में? ये मेरी तौहीन है।

**गुप्ताजी** : किसी वकील को भेज देते हैं हुज़ूर!

**औरंगज़ेब** : हाँ, ठीक है। आपने तो वकालत पढ़ी है, है न मुकर्जी दा? आप चले जाइएगा अदालत। देखते हैं, क्या कर लेते हैं मेरा! ख़ैर, अब बताइए गुप्ताजी, ताजमहल का काम कहाँ रुका पड़ा है?

**गुप्ताजी** : काम कहाँ रुका पड़ा है हुज़ूर, काम तो चल रहा है।

**औरंगज़ेब** : रात-दिन, है न?

**गुप्ताजी** : यस सर!

**दरबारी 5** : बस, चबूतरा बन पाया है हुज़ूर, उसके आगे नहीं बढ़ा है।

**दरबारी 3** : और उसी ताजमहल के चबूतरे पर दारा शिकोह पाँच दिन से तम्बू लगाकर जमा पड़ा है।

**औरंगज़ेब** : अच्छा! क्या कर रहा है वो वहाँ?

**दरबारी 3** : साम्प्रदायिक ताकतों के विरोध में अखंड भगवती जागरण करा रहा है हुज़ूर!

**दरबारी 5** : उसे हटाया भी नहीं जा सकता है, ज़रा सेंसिटिव मामला है।

**औरंगज़ेब** : इन सब कामों के लिए तो जन्तर-मन्तर होता है।

**दरबारी 3** : हुज़ूर, जन्तर-मन्तर तो अगले दस सालों के लिए पहले से ही बुक्ड है।

**गुप्ताजी** : अरे, जाड़े के दिन आ रहे हैं। वो अपने आप चला जाएगा।

**औरंगज़ेब** : ठीक है, पर ताजमहल का काम, गुप्ताजी?

**गुप्ताजी** : एक नई प्रोब्लम हो गई है हुज़ूर! वही बताना चाह रहा था इतनी देर से। मौक़ा ही नहीं मिल रहा है।

**औरंगज़ेब** : अब क्या प्रोब्लम उठ खड़ी हुई?

**गुप्ताजी** : हुज़ूर, कल सीबीआई ने ताजमहल कॉरपोरेशन के दफ़्तर में छानबीन की और हमारे एमडी, आलम साब के ख़िलाफ़ केस दर्ज कर लिया।

**औरंगज़ेब** : क्या कहा, सीबीआई ने आलम के ख़िलाफ़ केस दर्ज कर लिया है? मेरे बेटे के ख़िलाफ़? मुझे बताए बिना...ये जुर्रत उनकी!

**गुप्ताजी** : सीबीआई वाले सारी फाइलें भी ले गए हैं। काम सारा रुक गया है हुज़ूर!

**दरबारी 1** : आजकल सीबीआई वाले भी बहुत सिर चढ़ गए हैं हुज़ूर!

**दरबारी 3** : जब से नए प्रमुख आए हैं, यही हाल है। वे कहते हैं कि वे इंडिपेंडेंट हैं, सरकार के अधीन नहीं हैं। उन्हें कोई प्रभावित नहीं कर सकता। जो चाहेंगे, करेंगे।

**औरंगज़ेब** : दुष्ट है वो, मेरे ही पीछे पड़ा रहता है। इसी में मज़ा आता है उसे।

**दरबारी 5** : उनका एक इंस्पेक्टर तो यहाँ तक कह रहा था कि ज़रूरत हुई तो आपके ख़िलाफ़ भी केस ठोंकने में नहीं हिचकिचाएँगे। गवाही के लिए तलब करने में भी संकोच नहीं करेंगे।

**औरंगज़ेब** : ये मजाल उसकी! स्वतंत्र हैं, हुँह! सीबीआई स्वतंत्र है, जुडीसरी स्वतंत्र है, प्रेस स्वतंत्र है, ब्यूरोक्रेसी स्वतंत्र है, सब स्वतंत्र हैं–बस, मैं स्वतंत्र नहीं हूँ... क्यों? आख़िर ऐसे ये मुल्क चलेगा कैसे? ...मैं सबको देख लूँगा...मार्शल लॉ लगा दूँगा।

**दारा शिकोह** : *(झाँकते हुए)* मार्शल लॉ लगा दूँगा, हुँह! बड़े चंगेज़ की औलाद हैं न! अरे ये कोई बाकिस्तान है कि जब चाहा मार्शल लॉ लगा दिया! संविधान भी कोई चीज़ होती है भाई! मार्शल लॉ माई फुट, ये भी बताऊँगा सुप्रीम कोर्ट को...*(चला जाता है)*

**औरंगज़ेब** : क्या समय आ गया है!

**दरबारी 6** : क्या करें हुज़ूर, ज़माना ही ख़राब है।

**औरंगज़ेब** : यह सब आपकी ही करतूत है मुकर्जी दा। आप ही हैं न ये सभी क़ानून बनानेवाले? ऐसा संविधान बना के रख दिया है।

**दरबारी 6** : इसमें मेरी क्या ग़लती है हुज़ूर? ये तो आपके पिताजी का आदेश था।

**औरंगज़ेब** : मुझे उनसे यही उम्मीद थी। आपको भी भेज देता हूँ उनके पास। ले जाओ इनको और शूट कर दो।

**गुप्ताजी** : सर, ये ऊपर चले गए तो अदालत कौन जाएगा? आप?

**औरंगज़ेब** : अच्छा, इन्हें बाद में शूट करना। पहले इस केस से निबट लिया जाए। ये सीबीआई को शिकायत किसने करी?

**गुप्ताजी** : ये सब ज़फ़र जी की करतूत है। वही लाए थे उन्हें।

**औरंगज़ेब** : ज़फ़र? मेरा बेटा? ऐसा किया उसने?

**गुप्ताजी** : देखिए हुज़ूर, आपने अपने बड़े बेटे आलम को तो ताजमहल कॉरपोरेशन का चेयरमैन बना दिया,

अब छोटे शहजादे ज़फ़र जी उनसे जलते हैं, सो उन्होंने आलम के ख़िलाफ़ सीबीआई में शिकायत कर दी है। और प्रोब्लम में पड़ गए हैं हम लोग।

**दरबारी 5** : सुना है, ज़फ़र जी दारा शिकोह से मिल गए हैं।

**औरंगज़ेब** : ज़फ़र? घर का भेदी लंका ढाए...कहाँ है वो? बुलाओ उसे। अभी बीस कोड़े लगवाता हूँ इस हिमाकत के लिए...बुलाओ उसे। कहाँ है वो नालायक...ज़फ़र?

*[तीन बेगमों का प्रवेश। पीछे ज़फ़र खड़ा रहता है।]*

**औरंगज़ेब** : ज़फ़र, यहाँ आ नामाकूल!

**ज़फ़र** : मम्मी...!

**बेगम 1** : क्यों बेवज़ह चिल्ला रहे हो इतना? फिर तबीयत ख़राब हो जाएगी।

**औरंगज़ेब** : ओफ्...कैसी औलाद पैदा हुई है! किसने पैदा की है? बताओ, तुममें से इसकी माँ कौन है?

**बेगम 1** : हाय री दइया...ये क्या पूछते हो?

**बेगम 2** : ये क्यों नहीं पूछते कि इसका बाप कौन है?

**औरंगज़ेब** : वो तो मुझे पता है, पर माँ कौन है? इस भीड़ में पता ही नहीं चलता है, हिसाब रखना मुश्किल है।

**बेगम 3** : तो किसने कहा था इतनी शादियाँ कर लो?

**बेगम 1** : क्यों पीछे पड़े हो बेचारे ज़फ़र के?

**औरंगज़ेब** : बेचारा! तुम्हें पता भी है, इसने क्या किया? बग़ावत कर रहा है। दारा शिकोह से मिल गया है। सीबीआई में शिकायत करता फिर रहा है। वैसे ही कोई कम प्रोब्लम थीं जो...

**बेगम 2** : अरे, ये आग तो तुमने ही लगाई है। हमेशा आलम का फ़ेवर करते रहे हो और बेचारा ज़फ़र मारा-मारा फिरता है, फ्रस्ट्रेट हो गया है।

**बेगम 3** : इसे भी कोई अच्छी सी पोस्ट क्यों नहीं दे देते?

**औरंगज़ेब** : ये किसी काम के लायक भी है?

**ज़फ़र** : मम्मी...!

**बेगम 1** : अगर नालायक है तो क्या हुआ, किसी ट्रस्ट या फाउंडेशन का चेयरमैन ही बनवा दो! देखो, आजकल सारे ही आलतू-फालतू लोग ऐसे ही चेयरमैन बने मौज कर रहे हैं।

**औरंगज़ेब** : वो बिलकुल निकम्मा है।

**ज़फ़र** : मम्मी...!

**बेगम 2** : निकम्मा हुआ तो क्या हुआ, है तो शहज़ादा ही! उसे किसी कला समिति या सांस्कृतिक संस्थान का सदस्य बना दो। निकम्मों के लिए यह भी बड़ा अच्छा काम रहता है।

**औरंगज़ेब** : ज़फ़र और कला संस्कृति? उसे कुछ पता भी है कला संस्कृति के बारे में?

**बेगम 3** : अगर कुछ नहीं पता तो कला समिति का अध्यक्ष बना दो।

**औरंगज़ेब** : वो आवारा है, बड़ा फितरती है, महा खुराफाती है।

**ज़फ़र** : मम्मी...!

**बेगम 1** : क्योंकि तुम पर गया है।

**औरंगज़ेब** : चलो, पता चल गया न कि उसका बाप कौन है?

**बेगम 1** : उसके नाम कोई एनजीओ ही शुरू करा दो। फितरती आवारों के लिए तो एनजीओ सबसे अच्छा धन्धा है। खूब कमा भी लेगा। देखो न,

आजकल चोर-उचक्के भी एनजीओ चला के शरीफ बने हुए हैं।

**औरंगज़ेब** : उसके लिए भी कुछ मेहनत करनी होती है। वो तो निरा निठल्ला है।

**ज़फ़र** : मम्मी...!

**बेगम 2** : तो फिर उसे किसी सरकारी विभाग की सलाहकार समिति का सदस्य ही बना दो! अपने बाक़ी सब रिश्तेदार तो यही कर रहे हैं। तभी तो ज़फ़र फ्रस्ट्रेटेड रहता है। तुम कुछ करते ही नहीं उसके लिए।

**औरंगज़ेब** : अरे वो किसी क़ाबिल भी है?

**ज़फ़र** : मम्मी...!

**बेगम 3** : अगर किसी काबिल नहीं है तब तो फिर बिलकुल मंत्री बनने योग्य है, बल्कि प्रधानमंत्री...

**ज़फ़र** : हाँ, मम्मी...मैं सिर्फ़ पीएम बनूँगा।

**बेगम 3** : हाँ, बेटा, बिलकुल बनेगा। सुनो जी...

**औरंगज़ेब** : अरी चुप सूपनखा की नानी, सरकारी काम में ज़्यादा दख़ल देने की कोशिश मत कर!

**बेगम 1** : हम पर ही झल्लाए रहते हैं। सुप्रीम कोर्ट से चुपचाप झाड़ खाते हैं, और यहाँ पर गरजते फिरते हैं।

**औरंगज़ेब** : एक बार ताजमहल का उद्घाटन हो जाए-बस, फिर देखता हूँ सबको।

**बेगम 2** : हर समय ताजमहल-ताजमहल की रट लगाए रहते हो, अपने बाप की तरह। ये ही सारी बीमारियों की जड़ है। ख़ानदानी बीमारी हो गई है ये।

**औरंगज़ेब** : अरी, चुप कर! हर समय बकबक...बकबक! चोंच बन्द कर। *(बेहोश हो लेट जाता है)*

**बेगम 3** : ओह नो...फिर गश आ गया इन्हें!

**बेगम 1** : जाइए...जल्दी...डॉक्टर वर्मा को बुला लाइए!

**दरबारी 1** : कहाँ होंगे डॉक्टर साहब इस समय?

**दरबारी 6** : अरे, अस्तबल में होंगे और कहाँ! घोड़ों को पुचकार रहे होंगे।

**बेगम 2** : तो डॉक्टर वर्मा क्या घोड़ों के डॉक्टर हैं?

**दरबारी 3** : हाँ, तो क्या हो गया? घोड़ा भी तो जीव होता है। सभी में वही अपार ब्रह्म समाहित है, सिर्फ़ चोले का फ़र्क है।

**बेगम 3** : घोड़ा डॉक्टर! किसी स्पेशलिस्ट को न बुलवा लें?

**दरबारी 5** : मैडम, स्पेशलिस्ट को फीस देने के पैसे कहाँ हैं? और फीस लिये बिना तो डॉक्टर भगवान के यहाँ भी नहीं जाएगा।

**बेगम 1** : अरे, जो भी हो, बुलाओ उन्हें!

*[डॉक्टर वर्मा का प्रवेश]*

**डॉक्टर** : क्या हो गया...क्या हो गया?

**दरबारी 1** : देखिए डॉक्टर साब...कुछ कीजिए!

**दरबारी 4** : अभी एक मिनट पहले ये सेंस में थे और अभी अचानक नॉनसेंस हो गए।

**डॉक्टर** : हूँ...एक सुई लगा देता हूँ, अभी होश आ जाएगा।

**औरंगज़ेब** : *(होश में आकर उठते हुए)* नहीं, नहीं! भई, सुई नहीं!

**दरबारी 4** : क्या बात है?

**डॉक्टर** : देखा...बस, एक मिनट।

**औरंगज़ेब** : नहीं, कतई नहीं। सुई तो कतई नहीं।

**डॉक्टर** : बस, एक मिनट।

**औरंगज़ेब** : सुई से तो डर लगता है।

डॉक्टर : अच्छा, तो यह दवा ले लीजिए।

औरंगज़ेब : हूँ...ये तो कुनैन है...ओक...

डॉक्टर : जी हाँ...कुनैन है, तो उससे क्या हुआ?

औरंगज़ेब : इस मर्ज़ की यही दवा है?

डॉक्टर : क्यों? कोई एतराज़ है आपको?

औरंगज़ेब : पर कुनैन?

डॉक्टर : डॉक्टर आप हैं या मैं?

औरंगज़ेब : अरे, जब क़ब्ज़ हो तो भी कुनैन, दस्त हो तो भी कुनैन, पाइल्स हों तो भी कुनैन, हर बीमारी में बस कुनैन, आप कैसे डॉक्टर हैं?

डॉक्टर : जैसा भी हूँ, डॉक्टर हूँ। अब एक मिनट ब्लड प्रेशर ले लेने दीजिए।

औरंगज़ेब : आप घोड़ा डॉक्टर हैं क्या?

डॉक्टर : घोड़ा डॉक्टर भी डॉक्टर ही होता है, कोई घोड़ा नहीं जनाब!

औरंगज़ेब : आप तो पहले इनसानों के डॉक्टर हुआ करते थे, है न?

डॉक्टर : इनसानों का तो नहीं, पर हाँ, आपका डॉक्टर ज़रूर हुआ करता था।

औरंगज़ेब : हाँ-हाँ, अब मुझे याद आ रहा है। फिर ये घोड़ा डॉक्टर कैसे बन गए आप?

डॉक्टर : आप ही बार-बार अस्तबल भेज देते थे अपने काले घोड़े को देखने। कहते थे, ये घोड़ा मुझे अपने बेटे से भी ज़्यादा प्यारा है। बस, धीरे-धीरे मैं वहीं अस्तबल में ही रहने लगा, वहीं मन लग गया।

ज़फ़र : क्यों डैड, आप ऐसा कहते थे?

औरंगज़ेब : जिसका तेरे जैसा बेटा हो, वो और कह भी क्या सकता है!

| | | |
|---|---|---|
| **ज़फ़र** | : | मम्मी...! |
| **औरंगज़ेब** | : | बड़ा मम्मी-मम्मी कर रहा है, इधर आ, तेरी धुलाई करता हूँ... |
| **ज़फ़र** | : | अच्छा...मैं जा रहा हूँ...दारा अंकल के साथ...पत्रकारों के पास...सब बता दूँगा-सबको एक्सपोज कर दूँगा... |
| **औरंगज़ेब** | : | रोको उसे...पकड़ो...*(ज़फ़र चला जाता है)* |
| **डॉक्टर** | : | और आप भी ज़रा शान्त रहें। बीपी बहुत बढ़ा हुआ है जनाब! |
| **औरंगज़ेब** | : | तुझे भी बस, बीपी की पड़ी रहती है! ये जो क़ब्ज़ मारे डाल रहा है, उसका तो कुछ करता नहीं। |
| **डॉक्टर** | : | अच्छा, अब ये दवा ले लीजिए। |
| **औरंगज़ेब** | : | लेकिन कुनैन? पेट दर्द हो तो कुनैन, सिर दर्द हो तो कुनैन, डॉक्टर साब, आख़िर हर मर्ज की दवा कुनैन कैसे हो सकती है? इतना तो मैं भी समझता हूँ कि ये हो नहीं सकता। |
| **डॉक्टर** | : | हुज़ूर, जो दवा मेरे पास होगी, वही तो दे सकूँगा। सरकारी डॉक्टर हूँ, कोई अपनी जेब से खर्चा करके दवा थोड़े ही मँगा सकता हूँ। आपको पता भी है, दवाख़ाने में सारी दवाइयाँ ख़तम हो चुकी हैं। बस, यही कुनैन बची है। लेना है तो ले लीजिए। |
| **औरंगज़ेब** | : | सरकारी दवाख़ाने का ये हाल हो गया है, ओ माई गॉड! |
| **डॉक्टर** | : | जी जनाब, सात महीने से बिल पास नहीं हुए हैं और पेमेंट न मिलने पर केमिस्ट ने दवा की सप्लाई रोक दी है। और आप हैं कि एतराज़ कर रहे हैं, कुनैन-कुनैन करे चले जा रहे हैं! |
| **औरंगज़ेब** | : | जा...मैं नहीं खाता। |

**डॉक्टर** : ठीक है, मैं चला जाता हूँ।

**औरंगज़ेब** : ओ के...यू गेट आउट... ख़ुद सारी दवाइयाँ बेच खाई हैं...

**डॉक्टर** : जा रहा हूँ, फिर नहीं आऊँगा...मैडम, इनको कुछ हल्का-फुल्का खाना खिलाकर सुला दीजिए। कल तक ठीक हो जाएँगे...और समझा भी दीजिए, ज़्यादा चिल्ल पों न मचाया करें। *(चला जाता है)*

**औरंगज़ेब** : अगले जनम में तू कुत्ता बनकर पैदा होगा।

**डॉक्टर** : *(प्रवेश करते हुए)* मैं तो ख़ुद ही भगवान से मनाता हूँ कि अगले जनम में मुझे किसी अच्छी ब्रीड का पिल्ला बनाकर पैदा करें, जैसे-पोमेरियन। थोड़ी-बहुत पों-पों कर लिया करूँगा और मौज करूँगा सारे दिन। आपसे भी निजात मिलेगी। *(जाने लगता है)*

**औरंगज़ेब** : दुष्ट कहीं का!

**गुप्ताजी** : *(कोने में जाकर)* आप तो पहले बादशाह के डॉक्टर हुआ करते थे, फिर ये घोड़ों के डॉक्टर कैसे बन गए?

**डॉक्टर** : *(प्रवेश करते हुए)* हाँ, बादशाह का डॉक्टर था, उनका पर्सनल फ़िज़ीशियन, और ये महाशय, रोज़ सवेरे-सवेरे एक न एक रोना लेकर बैठ जाते थे- डॉक्टर साहब, आज कब्ज़ हो रहा है, आज पेचिश हो रही है। इनको बड़ा मज़ा आता ऐसी बीमारियों की खुलकर लम्बी-लम्बी चर्चा करने में और उनका विवरण देने में। अरे बीमारी भी कोई ढंग की हो तो बात भी की जाए, और फिर ऐसी बातें कहने का सलीका तो देखिए! मुलाहिज़ा फ़रमाइए,

कहेंगे–डॉक्टर साहब, आधी रात से दस्त लगे हुए हैं कुछ कीजिए। अरे कहना ही है तो कहिए कि लूज़ मोशंस हो रहे हैं, और फिर जब से यह पाइल्स का क़िस्सा शुरू हुआ, तब तो हद्द ही हो गई। आई मीन रोज़ सुबह–सुबह फर्स्ट थिंग इन द मॉर्निंग जाइए और इनकी शाही पाइल्स का मुआइना करिए! इमैजिन यू गेट अप एंड गो टू चेक हिस रॉयल बम्स...मैं क्या सिर्फ़ इनके पिछवाड़े की तीमारदारी के लिए डॉक्टर बना था? मैंने तो कान पकड़े, यह भी कोई नौकरी हुई! मैंने तो कहा, इससे अच्छा तो घोड़ा ही है, जमकर घास खाता है और चैन से लीद करता है। कोई झंझट नहीं। घोड़ा डॉक्टर बन जाओ। कम–से–कम सुबह–सुबह के इस टोरचर से तो निजात मिलेगी!...अरे साहब, मेरी बीवी तो मुझे डायवोर्स देने वाली थी, धमकी दे दी थी कि ये रोज़ सबेरे उठते ही क्या देखने लपकते हुए चल पड़ते हो...अच्छा, मैं चला। *(चला जाता है)*

**बेगम 1** : अच्छा, चलिए, खाना खाकर आराम कर लीजिए। साहब का खाना लगाओ।

**बेगम 2** : जाओ, इनके लिए उबली लौकी और खिचड़ी ले आओ।

**औरंगज़ेब** : लौकी? उबली लौकी? मेरे लिए?

**बेगम 3** : जी हाँ, और कुछ नहीं मिलेगा। डॉक्टर वर्मा ने मांस–मछली खाने को मना करा है।

**औरंगज़ेब** : डॉक्टर वर्मा? वो घोड़ा डॉक्टर है न, कहने दो उसे। मैं तो *चाइनीज़* खाऊँगा।

**बेगम 1** : पर वो तो तुम्हारा डॉक्टर है।

**औरंगज़ेब** : उसे तो यूँ ही उँगली करने में मज़ा आता है। जाओ, चिली चिकन ले आओ।

**बेगम 2** : अभी वो सुई निकालेगा तो बस भीगी बिल्ली बन जाओगे।

**औरंगज़ेब** : भीगी बिल्ली? कभी देखी भी है भीगी बिल्ली? जाओ, *चाइनीज़* मँगाओ।

**बेगम 3** : *चाइनीज़* का अच्छा चस्का लग गया है तुम्हें! ठीक है, खाओ ख़ूब, फिर सुबह से ही चीखना शुरू करोगे कि डॉक्टर को बुलाओ, डॉक्टर को बुलाओ! डॉक्टर वर्मा भी तंग आ चुके हैं। नौकरी छोड़कर भाग जाएँगे।

**औरंगज़ेब** : भाग जाने दो उस कायस्थ के बच्चे को! बहुत चबड़-चबड़ करता है वो।

**बेगम 1** : जब से तुम सत्ता के चक्कर में पड़े हो, जातिवाद घुस गया है तुम्हारे भेजे में।

*[ख़ानसामा टिफिन लेकर प्रवेश करता है]*

**ख़ानसामा** : सलाम हुजूर! आपका लंच लाया हूँ।

**औरंगज़ेब** : क्या लाओ हो?

**ख़ानसामा** : खिचड़ी लाया हूँ सरकार!

**औरंगज़ेब** : मेरे लिए खिचड़ी? क्या समझ के लाए थे... कि बादशाह बहुत खुस होगा? सब्बासी देगा, क्यों? हटाओ इसे! मेरे लिए चाइनीज़ लाओ।

**ख़ानसामा** : अच्छा, मेरा बनाया नहीं खाएँगे?

**औरंगज़ेब** : नो।

**ख़ानसामा** : पता है, इस चाइनीज़ में क्या पड़ा होता है? मगरमच्छ का मीट।

**बेगमें** : छीऽऽऽ!

**औरंगज़ेब** : मगर का हो या छिपकली का, तुम्हें क्या?

**ख़ानसामा** : अच्छा, तो मैं भी नौकरी छोड़ने जा रहा हूँ। अगर इन्हें उस चिंकी का बनाया हुआ खाना ही खाना है तो मेरी क्या ज़रूरत! मैं चला यहाँ से। शाही ख़ानसामा हूँ। चार पुश्तों से हम ही खाना बना रहे हैं। मैं ये बेइज़्ज़ती और नहीं बरदाश्त कर सकता... जा रहा हूँ...*(चला जाता है)*

**औरंगज़ेब** : कहाँ जाओगे? इस उम्र में क्या करोगे?

**ख़ानसामा** : *(लौटकर)* स्टेशन के सामने ढाबा खोल लूँगा, ख़ूब चलेगा, आपको क्या! मन हो तो वहीं आ जाइएगा। *(पुनः चला जाता है)*

**डॉक्टर** : *(झाँकते हुए)* ऐसा करो, गुप्ताजी के होटल में चले जाओ, शेफ बन जाओगे। तनख्वाह भी यहाँ से ज़्यादा मिलेगी। *(पुनः चला जाता है)*

**औरंगज़ेब** : निकलो सब यहाँ से...गेट आउट ऑल ऑफ यू...*(बेगमें चली जाती हैं)*

**गुप्ताजी** : हुज़ूर...वो अदालत में...जो पेशी है...किसी वकील को भेज दें...तो अच्छा रहेगा।

**दरबारी 1** : ये कोर्ट-कचहरी का मामला है...सम्मन है...किसी को जाना ही होगा।

**दरबारी 3** : इन्हें भेज देते हैं...मुकर्जी दा को...इन्होंने वकालत पढ़ी भी है हुज़ूर!

**औरंगज़ेब** : ठीक है। जैसी आपकी राय...जाइए...देखिए, ये क्या चक्कर है!

**दरबारी 6** : जी हुज़ूर। *(चला जाता है)*

*[मंच के केवल अग्रिम भाग में प्रकाश रहता है। सभी लोग यंत्रवत् से खड़े / बैठे रहते हैं। तीन न्यायाधीशों का प्रवेश। पीछे चोबदार भी है।]*

*[दरबारी 6 वकील का कोट पहनकर आता है और मुँह लटकाए खड़ा रहता है।]*

**चोबदार** : श्रीमान औरंगज़ेब वल्द शाहजहाँ, हाजिर हो... ऽऽऽ...

**जज 1** : ओडर ओडर ओडर...हूँ...मुद्दई कहाँ हैं?

**वकील** : मैं हूँ हुज़ूर, आई मीन माई लॉर्ड हुज़ूर!

**जज 2** : और वो...आपके मिस्टर औरंगज़ेब...कहाँ हैं...वो ख़ुद क्यों नहीं पेश हुए अदालत में?

**वकील** : हुज़ूर, वो आज ज़रा व्यस्त थे।

**जज 3** : व्यस्त थे? हूँ...समझता हूँ...सब समझता हूँ।

**जज 1** : पर इनके मुवक्किल समझें तब न!

**जज 2** : न जाने क्या समझता है अपने आपको! उसे ठीक तरीके से समझाना ही पड़ेगा।

**जज 3** : सम्मन उसके नाम से था। कोर्ट में औरंगज़ेब का ख़ुद न आना बहुत सीरियस अपराध है। उस पर कंटेम्प्ट ऑफ कोर्ट करा जा सकता है। आप तो समझते हैं न वकील साब?

**वकील** : जी हुज़ूर!

**जज 2** : आपके मुवक्किल मिस्टर ज़ेब को अपनी हद में रहना होगा–क़ानून की हद में, संविधान की हद में, वरना उन्हें गम्भीर परिणाम भुगतने पड़ सकते हैं।

**जज 3** : याद रखें, कोर्ट ने अभी उनकी ताजपोशी क़ानूनन मंज़ूर सही नहीं मानी है।

**जज 2** : बाप को जबरन क़ैद करने का आपराधिक मुक़दमा भी चल रहा है उनके ख़िलाफ़।

**जज 1** : उनकी तो नागरिकता, सिटीजनशिप का मसला भी अभी तय नहीं हुआ है। केस लटका हुआ है।

जज 3 : उनके विदेशी मूल के होने का मुक़दमा भी अभी चल ही रहा है। पता है न आपको?

वकील : जी हुज़ूर!

जज 2 : याद है, बाबर के ख़िलाफ़ ये मुक़दमा राणा सांगा ने किया था, कि बाबर भारतीय नहीं हैं इसलिए यहाँ के बादशाह नहीं बन सकते। उस मुक़दमे का फ़ैसला होना अभी बाक़ी है।

वकील : जी हुज़ूर!

जज 1 : ओडर ओडर ओडर...देखिए, आप बेकार की जिरह न करिए। कोर्ट चाहे तो उनकी बादशाहत अभी ही खत्म कर सकता है, फिर क्या करेंगे आप? और फिर क्या करेंगे आपके मुवक्किल मिस्टर ज़ेब, कुछ सोचा भी है आपने?

वकील : जी हुज़ूर!

जज 3 : तो सोच लिया है आपने?

वकील : जी...जी नहीं हुज़ूर!

जज 3 : तो बिना सोचे-समझे यूँ ही चले आए यहाँ? क्यों?

वकील : जी हुज़ूर! मेरा मतलब है...

जज 1 : ओडर ओडर ओडर...आप फिर जिरह कर रहे हैं। मैं आपको वार्न कर रहा हूँ। और ये ताजमहल का जो केस चल रहा है, उसकी जाँच सीबीआई करेगी, समझे? उसकी जाँच में आप या आपके मिस्टर ज़ेब बीच में न पड़ें, सीबीआई को स्वतंत्र जाँच करने दें। अगर सीबीआई को दबाने की कोशिश की तो ख़ैर नहीं, औरंगज़ेब को ताकीद कर दिया जाए।

वकील : जी हुज़ूर!

**जज 2** : और जब तक जाँच पूरी न हो जाए, ताजमहल का काम रुका रहेगा।

**वकील** : जी हुज़ूर!

**जज 1** : ओडर ओडर ओडर...आप फिर बहस कर रहे हैं।

**वकील** : जी...मैं बादशाह सलामत को इत्तिला कर दूँगा हुज़ूर!

**जज 2** : हाँ, ज़रूर इत्तला कर दीजिए, पर फ़ैसला होने तक उनके लिए बादशाह सलामत जैसे शब्दों से परहेज़ कीजिए, समझे? जहाँपनाह का भी प्रयोग न ही करें। उन्हें मिस्टर औरंगज़ेब ही कहा जाए, समझे, वरना कंटेम्प्ट ऑफ़ कोर्ट का मुक़दमा चल जाएगा–उन पर भी और आप पर भी। मिस्टर दरबारी वकील, समझ गए ठीक से या किसी और तरीके से समझाना पड़ेगा आपको?

**वकील** : समझ गया हुज़ूर!

**जज 1** : ओडर ओडर ओडर...समझ गए होते तो इतनी बहस नहीं करते।

**वकील** : जी हुज़ूर!

**जज 2** : हाँ...आप लोग किसी मुग़ालते में न रहें...मुगालते का मतलब भी समझते हैं आप?

**वकील** : जी हुज़ूर!

**जज 3** : तो उन्हें भी ठीक से समझा दीजिए–संविधान के दायरे में ही रहें, और अदालत से अदब से पेश आयें, ये आपके मिस्टर ज़ेब।

**वकील** : जी हुज़ूर!

**जज 1** : आपने तो क़ानून पढ़ा है, है न?

**वकील** : जी हुज़ूर!

**जज 2** : क़ानून के हाथ लम्बे होते हैं, सुना है?

**वकील** : जी हुज़ूर!

**जज 2** : कितने लम्बे होते हैं, बताइए? उसे गज से नापा जाता है या मीटर से? नहीं पता? अच्छा, संविधान भी पढ़ा ही होगा?

**वकील** : जी हुज़ूर!

**जज 3** : अच्छा...कितने पन्ने हैं संविधान में? क्या वजन होता है उसका? किस रंग का होता है संविधान? नहीं पता कुछ...फिर क्या खाक़ पढ़ा है आपने!

**वकील** : जी हुज़ूर...वो...

**जज 1** : आता-जाता कुछ है नहीं, बात-बात पर जिरह शुरू कर देते हैं। किस यूनिवर्सिटी से लॉ करा है आपने?

**वकील** : जहाँ से आपने करा माई लॉर्ड!

**जज 1** : ओडर ओडर ओडर...आप फिर बहस कर रहे हैं। मुझसे ज़्यादा जिरह न करा करिए, समझे कुछ? यह अदालत है, कोई आपका घर नहीं कि जो मन में आए, अनाप-शनाप बोल दिया।

**वकील** : घर में भी कहाँ बोल पता हूँ, बीवी जो सामने गुर्राती रहती है।

**जज 2** : सभी के साथ ऐसा होता है, ख़ैर, कोई बात नहीं। और हाँ, अगली बार आइएगा तो कुछ ठीक से तैयार होकर आइएगा, समझे? और बाल भी कटा के आइएगा। बहुत लम्बे हो गए हैं, गज़ भर लम्बे-आपकी ज़बान की तरह।

**वकील** : जी हुज़ूर!

**जज 2** : कहाँ से बाल कटाते हैं आप?

**वकील** : हुज़ूर, नाई ख़ुद घर आ जाता है।

**जज 2** : अच्छा! कितने पैसे लेता है?

**वकील** : दस रुपए हुज़ूर!

**जज 2** : गुड! मालिश भी करता है?

**वकील** : जी हुज़ूर!

**जज 2** : वेरी गुड! हजामत भी बनाता है?

**वकील** : वो तो अच्छे-अच्छों की हजामत बना चुका है हुज़ूर, पर उसे नाई मत कह दीजिएगा, नहीं तो वो नाराज़ हो जाएगा। वो अपने को हेअर ड्रेसर कहलाना पसन्द करता है।

**जज 1** : ओडर ओडर ओडर...देखिए, ज़्यादा बकर-बकर करने की ज़रूरत नहीं है। जितना पूछा जाए, उतना ही बोलिए।

**जज 2** : उस नाई को संडे को मेरे घर भेज दीजिएगा, ठीक सुबह नौ बजे। और उसे भी ताकीद कर दीजिएगा कि बात-बात में आपकी तरह मुझसे जिरह न करे। समझ गए? ख़ासतौर पर पैसे को लेकर।

**वकील** : जी, जहाँपनाह, आई मीन यस माई लॉर्ड सर...

**जज 1** : हाँ। दिस इज बैटर। और मिस्टर ज़ेब को बता दीजिए कि अपने पैजामे में ही रहें...जुडीसरी से ज़रा सा भी बेवजह पंगा लेने की हिमाकत न करें, वरना ऐसा करना बहुत महँगा पड़ जाएगा, समझ गए आप? अब आप जा सकते हैं। नाओ यू आर डिसमिस्ड।

**वकील** : जी हुज़ूर! *(चला जाता है)*

*[तीनों जज चले जाते हैं। मंच पर पुनः प्रकाश होता है। दरबारी 6 का पुनः प्रवेश।]*

**औरंगज़ेब** : अपने पैजामे में रहिए! ऐसा कहा उस जज के बच्चे ने?

**दरबारी 6** : जी हुज़ूर!

**औरंगज़ेब** : ये हिमाकत! हे भगवान, ये जज लोग भी कैसी भाषा का प्रयोग करने लग गए हैं आजकल! पहले के क़ाज़ी तो कभी भी ऐसा नहीं बोलते थे। क्या ज़माना आ गया है!

**दरबारी 1** : शायद ज़्यादा टी. वी. सीरियल देखने का असर हो गया है हुज़ूर!

**औरंगज़ेब** : अजी, तहज़ीब भी कोई चीज़ होती है। अब आप ही बताइए, पैजामा भी कोई रहने की जगह होती है? तमीज़ तो रह ही नहीं गई है। घोर कलियुग है। और बताइए, दो सौ साल हो गए, अभी तक बाबर का मुक़दमा लटकाए पड़े हैं जान-बूझकर! कोई पूछनेवाला भी है इनसे...इनकी भी कोई जवाबदेही है...संविधान ही बदलना होगा...आप ही ने बनाया था न ये संविधान, क्यों मुकर्जी दा?

**दरबारी 6** : जी हुज़ूर!

**दरबारी 2** : मैं पहले ही कह रहा था कि किसी को ज़्यादा सिर पर न चढ़ाइए पर आप बड़े लिबरल बनना चाहते थे। ये मेरी सुने तब न! हाँ, नहीं तो!

**औरंगज़ेब** : और आप क्या करते रहे अदालत में? बस, जी हुज़ूर, जी हुज़ूर करते रहे। तोते की तरह।

**दरबारी 6** : जी हुज़ूर!

**औरंगज़ेब** : आपकी सिट्टी-पिट्टी क्यों गुम हो गई थी? दुबक के बैठे रहे। वो आपको खा जाते क्या?

**दरबारी 6** : मैं...मैं...

**औरंगज़ेब** : महें...महें...महें...महें...मेमने की तरह करते रहे... बकरी का दूध तो नहीं पीते आप?

**दरबारी 6** : जी...महें...महें...मैं...नाई...

**औरंगज़ेब** : भीगी बिल्ली बने से चुपचाप सुनते रहे ये सब? क्यों? कुछ बोलते क्यों नहीं?

**दरबारी 6** : दरअसल हुज़ूर, मैंने कभी भीगी हुई बिल्ली देखी नहीं है।

**औरंगज़ेब** : तो आईना देख लीजिए, नज़र आ जाएगी। बेकार ही भेजा आपको।

**दरबारी 2** : मुझे भेजा होता तो देखते...मेरी काबिलीयत पर शक करते हैं आप हुज़ूर।

**औरंगज़ेब** : और भी कुछ कहा उन्होंने?

**दरबारी 6** : नाई...नाई...संडे...नौ बजे...

**औरंगज़ेब** : नाई? क्या बोल रहे हैं आप? क्या हो गया है आपको?

**दरबारी 6** : कुछ नाई हुज़ूर, कुछ नहीं, कुछ बी नाई...नहीं...

**औरंगज़ेब** : आपको कुछ तो कहना चाहिए था अदालत में। आपकी घिग्घी क्यों बँध गई थी?

**दरबारी 6** : वो मुझे कुछ बोलने ही कहाँ दे रहे थे। और मैं जवाब भी क्या देता हुज़ूर...वो सवाल ही ऐसे कर रहे थे। क़ानून के हाथ कितने लम्बे होते हैं, संविधान किस रंग का होता है, अब मुझे क्या पता–किस रंग का होता है संविधान?

**औरंगज़ेब** : क्यों नहीं पता? संविधान तो आपने ही लिखा था, है न?

**दरबारी 6** : जी हुज़ूर!

**औरंगज़ेब** : आपको किसने कहा था ऐसा संविधान बनाने के लिए?

**दरबारी 6** : आपके वालिद साब ने हुज़ूर!

**औरंगज़ेब** : मुझे उनसे ऐसी ही उम्मीद थी। अब चाटिए इस संविधान को मुकर्जी दा, चाटिए! ज़्यादा विदेशी किताबें पढ़ने का यही नुक़सान होता है, बल्कि पढ़े-लिखे होने का यही नुक़सान है। हमारे बाबाजान अकबर को देखें, काला अक्षर भैंस बराबर थे, वो होते तो इस जज का सिर क़लम करके लाल क़िले के सामने टाँग देते। हो जाता मुक़दमा पूरा एक ही दिन में। मन तो मेरा भी यही करने का कर रहा है, पर क्या करूँ? मजबूर हूँ। आपके इस संविधान की वजह से।

**दरबारी 3** : हुज़ूर, ऐसा ज़ोर से न बोलें। कहीं यह बात जज साहब के कान में पड़ गई तो बस... ख़ैर नाई...

**दरबारी 6** : नाई...संडे...नौ बजे...

**औरंगज़ेब** : नाई? संडे? क्या बोले जा रहे हैं आप? हाँ...तो मैं क्या कह रहा था...तो? तो क्या कर लेंगे मेरा... बोलो...क्या कर लेगा वो?

**दरबारी 1** : सम्मन कर सकते हैं। कंटेम्प्ट ऑफ कोर्ट भी कर सकते हैं। आपके ख़िलाफ़ फ़ैसला कर सकते हैं। आपकी सिटीज़नशिप कैंसिल कर सकते हैं। नागरिकता चली गई तो तख़्त भी चला जाएगा जनाब!

**औरंगज़ेब** : और मैं कुछ बोल भी नहीं सकता? ये कैसी आज़ादी है भाई, ...कि हम खुलकर सच बोल भी नहीं सकते। ऐसी आज़ादी पाने से क्या फ़ायदा हुआ आख़िर?

**दरबारी 1** : हुज़ूर, आज़ाद तो हम विदेशियों से हुए हैं, अपनों से थोड़े ही।

**औरंगज़ेब** : मतलब...वो कुछ भी कह दें और मैं चुप रहूँ? क्यों?

**दरबारी 6** : जी हुज़ूर!

**औरंगज़ेब** : अरे, आप ये 'जी हुज़ूर, र्जा हुज़ूर' कहना बन्द करिए।

**दरबारी 6** : जी हुज़ूर!

**औरंगज़ेब** : फिर?

**दरबारी 6** : जी हुज़ूर!

**औरंगज़ेब** : शट अप!

**दरबारी 6** : जी हुज़ूर!

**औरंगज़ेब** : क्या हो गया है आपको?

**दरबारी 6** : कभी आप मुझे भीगी बिल्ली कह देते हैं, कभी तोता, कभी मेमना, मुझे तो आइडेंटिटी क्राइसिस हो गई है कि मैं हूँ क्या?

**औरंगज़ेब** : आइडेंटिटी क्राइसिस? और आपको? अरे, आप एक गौरमेंट सरवेंट हैं, बस...आपको और क्या आइडेंटिटी चाहिए? आप मेमना भी हैं, तोता भी...

**दरबारी 6** : कोर्ट में जज दबा देते हैं, दरबार में आप और घर में बीवी–मेरी तो क़िस्मत में ही दबना लिखा है।

**औरंगज़ेब** : और कोर्ट ने ताजमहल का काम भी रोक दिया है? यानी हम ताजमहल का अभी उद्घाटन भी नहीं कर सकते हैं?

**गुप्ताजी** : अभी कुछ इन्तज़ार कर लेना ही बेहतर होगा हुज़ूर!

**दरबारी 2** : मैं तो पहले ही कहता था कि उद्घाटन कर दीजिए पर...

**औरंगज़ेब** : ओके, ओके!

**दरबारी 2** : पर आपको विश्वास नहीं है मेरे ऊपर। हाँ, नहीं तो!

**औरंगज़ेब** : बस, चालू हो गए आप...

**दरबारी 5** : यह सब दारा शिकोह की वजह से हुआ है।

**औरंगज़ेब** : हूँ...दारा शिकोह का कुछ करना ही होगा।

**दरबारी 4** : क्या बात है! एक म्यान में दो चाक़ू नहीं रह सकते।

**औरंगज़ेब** : दारा शिकोह की हरकतों पर नज़र रखी जाए! पता करो, वो कहाँ-कहाँ जाता है, किस-किससे मिलता है...क्या बातें करता है। जाइए, आप लोग पता करिए...मैं ज़रा आराम कर लूँ...मेरा तो सिर ही घूम गया है...*(चला जाता है)*

**दरबारी 1** : आप दोनों जाइए...पता करिए दारा कहाँ होगा...और मुझे रिपोर्ट करते रहिए, वो क्या कर रहा है....और ज़रा डिटेल में ख़बर दीजिएगा-समझ गए? पूरी नज़र रखनी है उस पर।

**दरबारी 4** : बाघ जैसी नज़रें हैं मेरी।

**दरबारी 2** : बाघ नहीं, बाज़ जैसी नज़र होती है।

**दरबारी 4** : जी नहीं, बाघ, और मुझे बात-बात पर टोका न करा करिए। आप कोई ऑटो करेक्ट कम्प्यूटर सॉफ्टवेयर हैं क्या? अब आप आगे-आगे चलिए।

**दरबारी 2** : जब मुझे पता ही नहीं कि जाना कहाँ है तो मैं आपके आगे-आगे कैसे जा सकता हूँ? हाँ, नहीं तो!

**दरबारी 4** : ओके...पीछे ही चलिए, चलते हैं।

**दरबारी 2** : पर वो होगा कहाँ इस समय?

**दरबारी 4** : अरे घास के तीन पात! दारू के अड्डे पर होगा और कहाँ, चल...

*[मंच पर प्रकाश कम होने के साथ ही सब चले जाते हैं। पुनः धीमा प्रकाश होता है। बार का दृश्य। दारा शिकोह कुछ पी रहा है। पीछे एक वेटर खड़ा है। काउंटर पर मैनेजर बैठा है। ज़फ़र का प्रवेश।]*

**ज़फ़र** : चाह बर्बाद करेगी हमें मालूम न था...ऽऽऽऽ चाह...

**दारा शिकोह** : चाय तो बर्बाद करेगी ही...अरे ये पिया करो भइए...इसके लिए भी दरी लाओ...नाई-नाई...इसके लिए भी दारू लाओ...

**ज़फ़र** : अरे चचाजान, अच्छा हुआ, आप यहाँ मिल गए। मैं आप ही को ढूँढ़ रहा था। आपने सुप्रीम कोर्ट का फ़ैसला सुना?

**दारा शिकोह** : सुना...तानाशाही ख़त्म...डिक्टेटरशिप खत्म...तूने बहुत अच्छा किया ज़फ़र बेटा जो मुझसे आकर मिल गया। अब हम दोनों मिलकर इस तेरे बाप को, औरंगज़ेब को देख लेंगे। हंगामा करके रख देंगे रियासत में...हंगामा है क्यों बरपा...हिक... थोड़ी सी जो पी ली है...हिक...तू खड़ा-खड़ा क्या देख रहा है...साले...अबे एक पेग और डाल...साले...

**मैनेजर** : थोड़ी नहीं, बहुत पी ली है...जाओ...जीजाजी को बता दो, नक़द निकालें तो अगला पेग मिलेगा। नहीं तो रास्ता नापें।

**दरबारी 4** : *(झाँकते हुए, मोबाइल पर)* सर, वो बार में है, ज़फ़र भी साथ है, दाढ़ी में कुछ काला है।

**दरबारी 1** : *(दूसरी तरफ़ से झाँकते हुए, मोबाइल पर)* ज़रा डिटेल में बताओ।

**दरबारी 2** : वो दारू पी रहा है। *(चला जाता है)*

**दरबारी 1** : ज़रा और डिटेल में बताओ। *(चला जाता है)*

**दारा शिकोह** : पैसा, तुझे पैसा चाहिए...मुझसे पैसा चाहिए...अपने होनेवाले शहंशाह से पैसे चाहिए? ये ले मेरा क्रेडिट कार्ड...सारे पैसे ले ले...साले...मैं जश्न

मना रहा हूँ, तू भी जश्न मना मेरे लाल...हंगामा है क्यों बरसा...आई मीन बरपा...

**मैनेजर** : हंगामा इसलिए है कि आपका क्रेडिट कार्ड बन्द हो गया है, नकद निकालिए जनाब!

**दारा शिकोह** : क्रेडिट कार्ड बन्द? अरे लिख ले कॉपी में, मुन्ना, लिख ले, लिख ले, पहली तारीख को हिसाब पूरा कर दूँगा तेरा भी, लल्लू!

**मैनेजर** : ये कोई परचून की दुकान है जो कॉपी में हिसाब करता फिरूँ? मेरी मानिए तो अब आप घर जाइए। जा, मनोज को फ़ोन कर दे कि ले जाएँ इन्हें यहाँ से, अएँ-वईं सियापा डाला हुआ है।

**दारा शिकोह** : अमाँ यार, ऐसा बोलोगे तो हमारी-आपकी दोस्ती ख़त्म हो जाएगी।

**मैनेजर** : लानत है ऐसी दोस्ती पर! मैं दोस्त के नाते ही कह रहा हूँ क़िबला, अब आप घर जाइए।

**दारा शिकोह** : तू क्या देख रहा है, चल-चल, डाल दारू। जानता नहीं, मैं कौन हूँ?

**मैनेजर** : जानता हूँ, इसीलिए कह रहा हूँ कि अब आप शराफ़त से घर जाइए शहज़ादे साब!

**दारा शिकोह** : शहज़ादा बोला, गाली देता है...मारूँगा, नामाकूल, ब्लडी फूल, स्विमिंग पूल, डैडी कूल...तू ला दारू...

**वेटर** : ...आप बहुत बड़ी ग़लती कर रहे हैं।

**दारा शिकोह** : अबे चुप! *(मोबाइल पर)* हाँ, हॅलो-हॅलो...

**मैनेजर** : अरे, यह फ़ोन बन्द करिए और बस, अब फूट लीजिए।

**दारा शिकोह** : यह कोई सलीक़ा होता है! तुझे देखता हूँ अभी...

**वेटर** : अब बहुत हो गया...और आगे न बढ़ना।

**दारा शिकोह :** और बढ़ गया तो?

**वेटर :** तो मेरा नाम डूब जाएगा।

**दारा शिकोह :** अरे क्या बिल्ली की तरह म्याँऊँ-म्याँऊँ कर रहा है! बिल्ली की दुम, तू जानता नहीं, मैं कौन हूँ? मैं दारा हूँ, दारा सिंग, नहीं-नहीं, दारू सिंग...आई मीन, जो भी हो...मैं बड़े-बड़ों को फिट कर चुका हूँ, मैक टाइसन को भी पीट चुका हूँ, काट खाऊँगा तुझे भी, अबे, तू मुझे जानता नहीं है अभी...

**मैनेजर :** देखिए, ज़्यादा तैश में न आइए, मैं फिर कह रहा हूँ, आप भूल कर रहे हैं।

**ज़फ़र :** चलिए चचाजान, चलते हैं अब।

**दारा शिकोह :** नई, बिलकुल नाई! ये कहता है, दारू नहीं देगा, तू दारू शिकोह को दारा नहीं देगा...नहीं-नहीं...दारा शिकोह को दारू शिकोह नहीं देगा...मुझे पावर में आ जाने दो...बादशाह बनूँगा, तू जानता नहीं है मुझको...ताजमहल को दारू का अहाता बना दूँगा, बार खोल दूँगा वहाँ और तुझे...साले तुझे वहाँ वेटर बना दूँगा...तू जानता नहीं है मुझको... *(उठकर बाहर जाने लगता है तभी लड़खड़ा कर गिर पड़ता है)*

**वेटर :** ले जा भैया, इन्हें घर ले जा। *(ज़फ़र भी बाहर चला जाता है)* ये बादशाह बनेंगे, शेखचिल्ली नहीं तो!

**वेटर :** ई ससुर तो गो वेंट गोन हुई गए...

**दरबारी 2 :** *(प्रवेश करते हुए)* मैं दारा जी को बहुत समझाता था कि इतनी न पिया करें लेकिन...

**दरबारी 4 :** *(प्रवेश करते हुए)* लेकिन आपकी कोई सुने तब न, क्यों?

**दरबारी 2** : दरअसल कॉन्फ़िडेंस नहीं है मुझ पर।

**दरबारी 4** : चलो, रिपोर्ट करो।

**दरबारी 2** : *(मोबाइल पर)* सर, दारा जी तो नाले में गिरे पड़े हैं।

**दरबारी 1** : *(मोबाइल पर)* अच्छा...और डिटेल में बताओ, ज़फ़र क्या कर रहा है?

**दरबारी 2** : *(मोबाइल पर)* सर, वो मूत रहा है।

**दरबारी 1** : *(मोबाइल पर)* अच्छा...ज़रा और डिटेल में बताओ...

**दरबारी 2** : *(मोबाइल पर)* अरे...ये तो प्रदूषण विभाग वाले शर्मा जी आ रहे हैं यहाँ!

**शर्मा जी** : लगता है, कुछ प्रदूषण हो रहा है यहाँ। कोई सिगरेट तो नहीं पी रहा था? सरकारी दफ़्तरों में मना है, होटल में भी बैन है। ताजमहल में भी बड़ा प्रदूषण होता है। मैंने कहा था गुप्ताजी से कि कुछ व्यवस्था करें मगर वो किसी की सुनते ही नहीं हैं! बस, जो अपनी मर्ज़ी होती है, वही करते हैं।

**दरबारी 2** : वो कहाँ सुनेंगे आपकी! मेरी भी नहीं सुनते। दरअसल उन्हें किसी पर कॉन्फ़िडेंस नहीं रहा है।

**शर्मा जी** : मेरे नेचर का फ़ायदा उठाकर नक्शा पास करा गए वो। इस बार का लाइसेंस जब्त करना होगा। बड़ा प्रदूषण कर रखा है यहाँ। कौन है यहाँ का मालिक?

**मैनेजर** : जी...मैं हूँ।

**शर्मा जी** : हूँ...कहाँ है लाइसेंस? हूँ...रद्द करना होगा आपका लाइसेंस। जुर्माना भी लगाना होगा।

**मैनेजर** : शर्मा साब...

**शर्मा जी** : बड़ा प्रदूषण है यहाँ...उसे दूर करने के लिए...आप तो समझते ही हैं, कुछ करना होगा। कुछ क्या है, ये भी समझते ही हैं?

**मैनेजर** : अच्छा...ये रख लीजिए साब! अब तो प्रदूषण...

**शर्मा जी** : हाँ, अब कुछ कम तो हुआ है।

**मैनेजर** : आप बड़े नेक-दिल इनसान हैं शर्माजी।

**शर्मा जी** : क्या करूँ, मेरा नेचर ही ऐसा है। अच्छा, मैं चलता हूँ अब। देखूँ, कहीं प्रदूषण तो नहीं हो रहा है! *(चला जाता है)*

**दरबारी 2** : चलो, हम लोग भी बाहर खुली हवा में चलते हैं। हाँ, नहीं तो! *(चला जाता है)*

**दरबारी 4** : क्या बात है! ये तो वही बात हुई, लौट के बैल घर को चले। *(चला जाता है)*

*[मंच पर प्रकाश मन्द होने के साथ ही मध्यान्तर का पटाक्षेप।]*

# अंक 2

*[मंच पर प्रकाश होने से पहले ही कुछ शोरगुल-सा हो रहा है। 'ब मुलाहिज़ा होशियार... ख़बरदार' की आवाज़ के साथ प्रकाश होता है। दरबार का दृश्य। मंच के मध्य में सिंहासन रखा है। दाएँ-बाएँ छह दरबारी खड़े हैं। सामने कुछ पत्रकार अपने कैमरे लगा रहे हैं। कुछ अन्य लोग इधर से उधर आ-जा रहे हैं।*

*मंच के दोनों किनारों पर टीवी चैनल के एंकर बैठे हैं। सभी व्यस्त दिख रहे हैं।]*

**दरबारी 1** : साइलेंस प्लीज़! अरे, आप लोग अब ज़रा साइड में हो जाइए, बादशाह के आने का टाइम हो गया है। प्लीज़! थैंक यू!

**एंकर 1** : ये क्या हो रहा है लवलीन?

**पत्रकार 1** : ये सामने आ गया था...अरे, आप ज़रा साइड में हो जाइए। हाँ, बड़े मियाँ, आप ही से कह रही हूँ, प्लीज़, आप कैमरे के सामने आ रहे हैं।

**पत्रकार 2** : हैलो स्टूडियो, माइक टेस्टिंग...पंकज, तुम सुन पा रहे हो मुझे?

**एंकर 2** : हाँ, मुक्ता, मैं अब लाइव कर रहा हूँ।

**पत्रकार 2** : मैं मुक्ता, पोंपों चैनल के लिए औरंगजेब के दरबार से लाइव कवरेज...

**दरबारी 3** : अरे, चुप करिए मैडम...

**पत्रकार 1** : अरे, आप चुप रहिए। देख नहीं रहे, लाइव हो रहा है...!

**एंकर 2** : ये बीच में कौन आ रहा है मुक्ता?

**पत्रकार 2** : अरे, एक बेवकूफ़ है। आप, हाँ, आप, हटिए ज़रा, हाँ...उधर...

**पत्रकार 1** : अरे, अब आप मेरे सामने आ गए हैं, हटिए ज़रा। इतनी मुश्किल से सब फिट करा था...हाँ, आप...लाल टोपीवाले जनाब...आप ही से कह रही हूँ...

**दरबारी 3** : आप लोग दरबार की कार्यवाही शुरू होने देंगी भी या नहीं...

**दरबारी 1** : ब अदब, ब मुलाहिजा होशियार...

**पत्रकार 1** : अरे ज़रा धीरे से...आपके प्रिय चैनल चोंचों टीवी के लिए मैं लवलीन शाही दरबार से लाइव...

**दरबारी 1** : प्लीज़, शान्त हो जाइए...आप डिस्टर्ब कर रही हैं मैडम।

**पत्रकार 2** : अरे यू शट अप! यू आर डिस्टर्बिंग मी...

**दरबारी 1** : ये तो काटने को तैयार हैं...

**पत्रकार 2** : क्या बोला? फिर से बोल ज़रा...

**एंकर 2** : ज़रा इससे पूछो तो सही मुक्ता, ये हमें काम क्यों नहीं करने दे रहा है?

**एंकर 1** : ये क्या हो रहा है लवलीन?

**पत्रकार 1** : अरे, ये एक दढ़ियल है यहाँ, बड़ा अड़ियल है, बहुत तंग कर रहा है।

**दरबारी 5** : मैं? ये बादशाह का दरबार है मैडम, कोई आपका स्टूडियो नहीं।

**दरबारी 2** : मैं पहले ही कह रहा था, इन पत्रकारों को दरबार में न बुलाइए, पर मेरी कोई सुने तब न...

**पत्रकार 1** : औरंगज़ेब अब कुछ ही देर में दरबार में आनेवाला है। अरे, सामने से हट...यू...

**एंकर 1** : हाँ, ठीक है, मैं लाइव दे रहा हूँ, शुरू करो।

**दरबारी 1** : आप लोग ज़रा पीछे हो जाइए...हाँ, ऐसे....ब अदब, ब मुलाहिजा होशियार...सुल्ताने आलम बादशाह औरंगज़ेब दरबार में तशरीफ़ ला रहे हैं....

*[औरंगज़ेब का प्रवेश। आकर सिंहासन पर बैठ जाता है। पत्रकार आगे बढ़ते हैं। उन्हें रोका जाता है। 'हटो', 'हटो', 'अरे क्या कर रहे हो' की आवाज़ें होती हैं। पत्रकार पीछे हट जाते हैं।]*

**दरबारी 1** : आलमपनाह का इकबाल बुलन्द हो। हुज़ूर, इजाज़त हो तो दरबार की कार्यवाही शुरू की जाए?

**औरंगज़ेब** : इजाज़त है।

**दरबारी 3** : हुज़ूर, चीफ़ इंजीनियर गुप्ताजी ने सन्देशा भेजा है कि ताजमहल की मीनारें बनकर तैयार हो गई हैं।

**औरंगज़ेब** : गुड, वेरी गुड! और क्या कहा है गुप्ताजी ने?

**दरबारी 3** : वे चाहते हैं कि अब आप जल्दी से जल्दी ताजमहल का उद्घाटन कर दें।

**औरंगज़ेब** : ये तो बहुत ही ख़ुशी की ख़बर है। बरसों मेरे अब्बूजान ताजमहल का ख़्वाब देखते ही रह गए, पर जीते जी ताजमहल का चबूतरा भी नहीं देख पाए। उस बुड्ढे के मरने के बाद से सिर्फ़ बैड पब्लिसिटी ही हो रही थी अब तक...अब मैं इसका सार्वजनिक उद्घाटन करूँगा–पब्लिक इनौगुरेशन! कितनी शोहरत होगी! या ख़ुदा, वाह गुप्ताजी... *(पत्रकार आगे आ जाते हैं)*

**पत्रकार 1** : एक मिनट मिस्टर बादशाह...

**औरंगज़ेब** : ये क्या हिमाकत है! ये लड़कियाँ कौन हैं?

**दरबारी 3** : पत्रकार हैं हुज़ूर!

**औरंगज़ेब** : ये यहाँ कैसे घुस आईं?

**दरबारी 2** : मैं तो पहले ही कहता था न, कि न बुलाओ, पर मेरी कोई सुने तब न...हाँ, नहीं तो!

**दरबारी 4** : क्या बात है, घर की मूली दाल बराबर!

**दरबारी 3** : अरे...आप कहाँ बढ़ी आ रही हैं?

**पत्रकार 2** : एक बाइट लेना है इनका।

**दरबारी 5** : अरे, बाइट लेना है तो किसी फास्ट फूड रेस्टोरेंट में जाइए न!

**पत्रकार 1** : अरे हट सामने से, मिस्टर औरंगज़ेब, एक सवाल है आपसे।

**दरबारी 5** : अदब से बात करिए। बादशाह कहिए, बादशाह!

**पत्रकार 2** : बादशाह?

**एंकर 2** : मुक्ता, इनसे ज़रा पूछो तो सही, इन्होंने कोर्ट का आदेश सुना है कि नहीं?

**पत्रकार 2** : आपने कोर्ट का आदेश शायद सुना नहीं है ज़ेब साहब...

**औरंगज़ेब** : कोर्ट का आदेश?

**पत्रकार 1** : जी जनाब...आज की ब्रेकिंग न्यूज़...अब आप बादशाह नहीं रहे...

**औरंगज़ेब** : ये क्या हिमाकत है?

**एंकर 2** : इन्हें पता नहीं है? न्यूज़ नहीं देखी इन्होंने? मुक्ता, ज़रा पूछो तो इनसे।

**पत्रकार 2** : पूछ रही हूँ, पूछ रही हूँ, आपने कल की न्यूज़...

**औरंगज़ेब** : कल शाम मेरी तबीयत कुछ ख़राब थी सो जल्दी सो गया था, न्यूज़ नहीं देख पाया। क्या था उसमें?

**एंकर 2** : अरे मुक्ता, पूछो तो ज़रा इनसे कि जब कोर्ट ने इनकी बादशाहत खत्म कर दी है तो ये तख़्ते-ताऊस पर कैसे बैठे हैं?

**पत्रकार 2** : मैं ख़ुद पूछ लूँगी, पंकज, तुम ज़्यादा मुझे गाइड करने की कोशिश मत करो।

**एंकर 2** : और ये मुकुट क्यों पहने हुए हैं?

**एंकर 1** : ये क्या हो रहा है लवलीन?

**एंकर 2** : अब आगे क्या करेंगे ये?

**पत्रकार 2** : क्या चुनाव लड़ेंगे आप ज़ेब साहब?

**पत्रकार 1** : हाँ, अब एक बाइट प्लीज़ मिस्टर ज़ेब!

**औरंगज़ेब** : क्या कहा?

**पत्रकार 1** : ज़ेब साहब, ये जो ताजमहल घोटाला चल रहा है...

**औरंगज़ेब** : अरे कोई घोटाला-वोटाला नहीं है, आप लोग तो बस फिजूल में ही...

**पत्रकार 1** : पर जनाब...

**औरंगज़ेब** : और कुछ है आपके पास बात करने को?

**पत्रकार 1** : ज़ेब साहब, ताजमहल घोटाले में सीबीआई ने गुप्ताजी को धर लिया है, तमाम फाइलें भी ज़ब्त कर ली हैं। ये क्या हो रहा है, जवाब तो देना ही होगा आपको।

**औरंगज़ेब** : क्यों? और आपको क्यों? होती कौन हैं आप पूछनेवाली?

**पत्रकार 2** : हम लोग पत्रकार हैं मिस्टर ज़ेब!

**औरंगज़ेब** : आप पत्रकार हैं या वकील? बेकार की बहस किए चले जा रही हैं। जाइए यहाँ से!

**एंकर 1** : ये क्या हो रहा है लवलीन?

**पत्रकार 1** : मिस्टर ज़ेब, देखिए, आप ज़्यादा तैश में न आइए, ये लाइव चल रहा है टी.वी. पर।

**पत्रकार 2** : देश की जनता जानना चाहती है। आप ज़रा ठीक से पेश आएँ ज़ेब साब!

**पत्रकार 1** : मीडिया से पंगे न लीजिए।

**एंकर 2** : और मुक्ता, ज़रा ये भी तो पूछो, ये सीधे से इस्तीफ़ा देंगे या देश की जनता इन्हें बाहर का रास्ता दिखाए?

**पत्रकार 2** : तुम चुप रहो पंकज, इंटरव्यू मैं ले रही हूँ या तुम...हाँ, बताइए, जेब साहब, उत्तर दीजिए।

**औरंगज़ेब** : यू ऑल गेट आउट!

**एंकर 1** : ये क्या हो रहा है लवलीन?

**एंकर 2** : ये कैसे बोल रहे हैं आप मीडिया से? ये डेमोक्रेसी है, कोई आपकी जागीर नहीं।

**औरंगज़ेब** : डेमोक्रेसी कौन है? तुम?

**एंकर 2** : ये डेमोक्रेसी नहीं जानते, मुक्ता, ज़रा पूछो तो इनसे?

**पत्रकार 2** : यू शट अप!

**दरबारी 1** : आप ऐसे बोलेंगी बादशाह से!

**पत्रकार 2** : मैं आपसे नहीं, इस बेवकूफ़ पंकज से कह रही हूँ।

**एंकर 2** : तुम स्टूडियो तो लौटो...आई विल सी यू मुक्ता।

**एंकर 1** : ये क्या हो रहा है लवलीन?

*[कुछ अन्य पत्रकार भी आ जाते हैं। शोरगुल बढ़ता है। औरंगज़ेब निढाल हो बैठ जाता है। दरबारी 3 बीच में आता है।]*

**दरबारी 3** : मेरे प्यारे पत्रकारो, बहनो, बन्धुओ, कृपया शान्त हो जाइए। बादशाह सलामत आपके...

**एंकर 2** : अभी भी बादशाह सलामत कहा जा रहा है...ज़रा पूछो तो सही...

दरबारी 3 : मेरे हुज़ूर, आपके सभी सवालों का जवाब दिया जाएगा, कृपया मेरे साथ आ जाएँ, प्लीज़!

पत्रकार 1 : नहीं, जवाब तो यहीं देना होगा।

पत्रकार 2 : ये कोई बात हुई!

दरबारी 3 : देखिए मैडम, साहब की तबीयत ज़रा ख़राब हो रही है, आप मेरे साथ आइए, प्लीज़!

पत्रकार 1 : ये तो फेंट हो गए...चलो, चला जाए...

पत्रकार 2 : पहले मैं चलकर इस पंकज को देखती हूँ...

एंकर 1 : ये क्या हो रहा है लवलीन?

*[पत्रकार दरबारी 3 के साथ चले जाते हैं। एंकर भी चले जाते हैं। औरंगज़ेब को अन्य दरबारी पानी पिलाते हैं।]*

औरंगज़ेब : गए? ओ माई गॉड...ये टीवी चैनल वाले...

दरबारी 6 : और इनकी ये लड़कियाँ, इनसे तो भगवान ही बचाए!

दरबारी 5 : छूटते ही काटने को दौड़ती हैं।

औरंगज़ेब : जान ही नहीं छोड़ती हैं। मैं तो वैसे भी लड़कियों से दूर ही रहना चाहता हूँ पर...पिंड छुड़ाना मुश्किल है इनसे।

दरबारी 1 : जीन्स पहने...चीखती भी बहुत हैं, कान फट जाता है।

दरबारी 6 : भला इनसे शादी कौन करता होगा?

दरबारी 5 : क्या ज़माना आ गया है!

दरबारी 1 : डेमोक्रेसी है। मीडिया का ज़माना है हुज़ूर!

औरंगज़ेब : ये मीडिया वाले मुझे मिस्टर ज़ेब बोलने लगे हैं– मिस्टर ज़ेब...सुना आपने...बादशाह या महाराजा

नहीं कह सकते थे? बदतमीज़ कहीं के! तहज़ीब ही नहीं रह गई है ज़रा सी भी।

**दरबारी 5** : हुज़ूर, इन पत्रकारों के कौन मुँह लगे, कुछ भी बोल देते हैं।

**औरंगज़ेब** : और वो जो दुष्टा थी न, वो परकटी, वो तो मुझे जेब बोल रही थी, जेब। बागड़ बिल्ली कहीं की! अब आप ही बताइए, मैं कोई जेब हूँ? कल को मुझे आस्तीन या पायँचा कहेगी क्या? और एक वो जज है, कहता है, पैजामे में रहो...पैजामा भी कोई रहने की जगह होती है क्या? पैजामे में कोई रह भी सकता है, भला बताइए? क्यों, बताइए?

**दरबारी 6** : टैक्ट से काम लेना होगा हुज़ूर! उनका ध्यान बँटाना होगा। उन्हें कोई न कोई शिकार तो चाहिए ही है....

**औरंगज़ेब** : मैं तो चाहता हूँ, कोई सेक्स स्कैंडल ही खड़ा हो जाए तो कम-से-कम इनका ध्यान कहीं और जाएगा।

**दरबारी 1** : ऐसा करिए हुज़ूर, आप अमिताभ बच्चन जी को दीवाने-ख़ास में दावत पर बुला लीजिए। बिग बी आ गए तो कोई प्रेस वाला आपकी तरफ़ तो देखेगा भी नहीं, सभी बच्चन जी पर टूट पड़ेंगे।

**दरबारी 5** : फिर तो आपको कोई दो टके को नहीं पूछेगा...

**दरबारी 4** : कोई घास भी नहीं डालेगा आपको...आई एम सॉरी सर....पर मेरा मतलब था...

**औरंगज़ेब** : नहीं-नहीं...उनके भरोसे ऐसे काम नहीं चलेगा... और ये न्यूज़ क्या है? कहाँ है आज का अख़बार... हूँ...लिखा है...सुप्रीम कोर्ट ने आज...बादशाहत

ख़त्म...ताजपोशी ग़ैर-क़ानूनी...चुनाव आयोग की घोषणा...तीन महीने में चुनाव कराना होगा... डेमोक्रेसी आएगी...मिस्टर ज़ेब ने चुनाव लड़ने का फ़ैसला किया है...यह भाषा क्या है इन अख़बार वालों की! अरे ये डेमोक्रेसी कौन है? ये वही बेहया फ़िरंगन है न, जो नंगा कैबरे करती है?

**दरबारी 5** : डेमोक्रेसी तो वो फ़िरंगन है हुज़ूर, जो बड़े-बड़ों को नंगा कर देती है, और सबको खूब नाच नचाती है।

**औरंगज़ेब** : अरे, साफ़-साफ़ बताइए, ये है क्या बला, ये डेमोक्रेसी?

**दरबारी 6** : डेमोक्रेसी का मतलब है हुज़ूर, जनता का राज, अवाम की सत्ता।

**औरंगज़ेब** : यानी?

**दरबारी 1** : मतलब हुज़ूर, अब जनता जिसको चाहेगी, वही राज कर सकेगा।

**औरंगज़ेब** : पर ये होगा कैसे? राजा का बेटा राजा बने, हमेशा से तो ऐसा ही होता आया है!

**दरबारी 6** : डेमोक्रेसी में ये चुनाव से होगा हुज़ूर! इलेक्शन से।

**औरंगज़ेब** : लानत है ऐसी डेमोक्रेसी पर...यह भी कोई डेमोक्रेसी हुई, कि राजा का बेटा राजा न बने! और वो राजा भी क्या राजा हुआ, जो अवाम के रहमो-करम से राजा बने! मैं तो फिर से वो दिन देखना चाहता हूँ जब देश की बागडोर बाप वसीयत में बेटे को देकर जाएगा-न इलेक्शन, न विलेक्शन!

**दरबारी 5** : चिन्ता न करें हुज़ूर, इस मुल्क के लोकतंत्र में एक दिन ऐसा ज़रूर आएगा जब चुनाव अपनी

जगह होते रहेंगे पर राजगद्दी पुश्त-दर-पुश्त आप ही के ख़ानदान के हाथ रहेगी।

**सभी** : आमीन!

**औरंगज़ेब** : पर कोर्ट मुझे बादशाह मानने को तैयार नहीं है?

**दरबारी 6** : कोर्ट का यही फ़ैसला है हुज़ूर!

**औरंगज़ेब** : आप कोर्ट में इस फ़ैसले के ख़िलाफ़ अपील कीजिए। जाइए, जाकर जजों को जरा समझाइए।

**दरबारी 6** : हुज़ूर, मुझे तो माफ़ ही करें। मैं दुबारा अपनी फजीहत कराने उस कोर्ट में कभी नहीं जाऊँगा। पहले ही मेरी बहुत तौहीन हो चुकी है।

**औरंगज़ेब** : अरे, तौहीन आपकी हुई कि मेरी? क्यों, चुप क्यों हैं? वकील का काम ही होता है मुवक्किल के लिए झाड़ खाना, झूठ बोलना, तौहीन सहना। और कोई प्रॉब्लम है क्या?

**दरबारी 6** : जी हुज़ूर...वैसे ही वो ग़ुस्सा हो रहे होंगे...वो जो...संडे को नाई भी नहीं गया।

**औरंगज़ेब** : नाई? फिर नाई? ये नाई का क्या चक्कर है?

**दरबारी 6** : कुछ नाई हुज़ूर, कुछ नाई, कुछ भी नहीं।

**दरबारी 1** : हुज़ूर, अख़बार में और भी कुछ छपा है...ज़रा देखिए...

**औरंगज़ेब** : हूँ....ये क्या लिखा है यहाँ...दारू शिकोह...हेडलाइन है...दारा शिकोह ने नाले में रात बिताई...गुड...ज़फ़र भी नशे में धरे गए, रात थाने में बिताई...ये रिपोर्टर लोग हर जगह कैसे पहुँच जाते हैं? ज़रूर कोई खोजी पत्रकार होगा यह...ज़फ़र कहाँ है? बुलाओ उसे ज़रा।

**दरबारी 3** : आ रहे हैं हुज़ूर! *(ज़फ़र का प्रवेश)*

**औरंगज़ेब** : आइए शहजादे, आइए, अभी नींद में ही हैं?

**ज़फ़र** : जग चुका हूँ डैड!

**औरंगज़ेब** : चाहिए तो अभी थोड़ा और सो लीजिए, घंटे भर से जागे हुए हो। वैसे भी आज सुबह मुँह अँधेरे ग्यारह बजे उठ गए थे। अलार्म ने जगा दिया होगा?

**ज़फ़र** : नहीं...बस जरा हैंगओवर है। आपने बुलाया था?

**औरंगज़ेब** : आपने अख़बार देखा? पढ़िए...पढ़िए...!

**ज़फ़र** : हाँ, मैंने भी देखा, इतनी सी बात का बतंगड़ बना दिया है। सब बातें तोड़-मरोड़ के रख दी हैं। इन पत्रकारों का भी कुछ पक्का इलाज करना ही होगा। ऐसे बाज नहीं आएँगे ये लोग। कुछ भी अनाप-शनाप छाप देते हैं ये दुष्ट। सबक सिखाना पड़ेगा इन्हें।

**औरंगज़ेब** : जाइए अभी...जब ख़ुमारी उतर जाए तब बात करते हैं... *(ज़फ़र चला जाता है)* ये अख़बार वाले ये सब लिखते क्यों हैं? पता नहीं, क्या मज़ा आता है उन्हें!

**दरबारी 1** : लोग पढ़ते हैं हुज़ूर, इसलिए लिखते हैं।

**औरंगज़ेब** : लोग पढ़ते क्यों हैं? लोग पढ़े-लिखे होते ही क्यों हैं? यही होता है न पढ़ाई-लिखाई का फ़ायदा कि बेबात का बवाल खड़ा करें? किसने बनवाए इतने स्कूल?

**दरबारी 5** : आपके पिताजी ने हुज़ूर!

**औरंगज़ेब** : मुझे उनसे ऐसी ही उम्मीद थी... ख़ैर, गुप्ताजी को बुलवाइए। उन्हीं से पूछें, अब क्या करा जाए?

**दरबारी 2** : मुझसे क्यों पूछेंगे कुछ! मेरी वकअत ही क्या है यहाँ!

*[गुप्ताजी का प्रवेश]*

**औरंगज़ेब** : आइए गुप्ताजी, कैसे हैं?

**गुप्ताजी** : ठीक हूँ हुज़ूर!

**औरंगज़ेब** : और क्या चल रहा है आजकल?

**गुप्ताजी** : बस, वही...काम चल रहा है।

**औरंगज़ेब** : वह भी रात-दिन, क्यों?...स्टाफ जुटा हुआ है, क्यों?

**गुप्ताजी** : यही समझ लें हुज़ूर...चल ही रहा है, जैसा सरकार चाहते हैं।

**औरंगज़ेब** : अरे, अब काहे की सरकार, चले गए वो दिन...

**गुप्ताजी** : क्यों? क्या हो गया बादशाह सलामत?

**औरंगज़ेब** : कहाँ के बादशाह? चली गई बादशाहत, आ गई डेमोक्रेसी...काहे के बादशाह? बोलो, आप लोगों ने तो सब ख़तम करा दिया, डेमोक्रेसी जो लाकर खड़ी कर दी, अब भुगतिए। हुकूमत करने के लिए मुझे भी इलेक्शन लड़ना होगा। बताइए, ऐसा भी दिन आएगा, कभी सोचा था?

**दरबारी 1** : क्या करें, अब वो ज़माना ही नहीं रहा हुज़ूर!

**दरबारी 4** : जब सरकार कौवे उड़ाते थे...

**गुप्ताजी** : क्यों, क्या हो गया?

**औरंगज़ेब** : आप लोगों ने ऐसा ताजमहल बनाया कि अब्बूजान जो गए सो गए, मेरी भी लुटिया डूब गई।

**गुप्ताजी** : पर हो क्या गया हुज़ूर?

**औरंगज़ेब** : आपके लिए क्या हुआ? कुछ नहीं। ब्यूरोक्रेट हैं न आप! आप वहीं के वहीं रहे। हमें ही सड़क पर आना पड़ेगा।

**गुप्ताजी** : सड़क पर क्यों हुज़ूर?

**औरंगज़ेब** : अरे, चुनाव लड़ना पड़ा तो सड़क पर तो आना ही पड़ेगा।

**गुप्ताजी** : चुनाव...पर आप तो बादशाह...

**औरंगज़ेब** : जले पर नमक क्यों छिड़क रहे हैं गुप्ताजी? आप तो सब जानते ही हैं। ख़ैर, ऐसे ही सल्तनत तो हाथ से जाने नहीं देंगे। राजनीति में कूदना ही है तो कूद पड़ने में हिचकेंगे नहीं। जब बड़ी-बड़ी जंग लड़ने से नहीं डरे तो चुनाव से क्या डरेंगे!

**दरबारी 4** : क्या बात है! जब सिर कड़ाही में डाल दिया तो तड़के से क्या डरना!

**गुप्ताजी** : हुज़ूर, आप चुनाव लड़ेंगे?

**दरबारी 6** : क्या करें, सभी राजे-महाराजे यही कर रहे हैं आजकल, करना ही पड़ेगा।

**गुप्ताजी** : हुज़ूर, आप और राजनीति?

**औरंगज़ेब** : हाँ...ऐसे ही नहीं बैठ पाया था इस गद्दी पर...ये सब दाँव-पेच तो माँ के पेट से सीखकर आया हूँ। अभिमन्यु हूँ आज का। बचपन में ही लोग कहते थे मेरे बारे में...

**दरबारी 4** : जी हुज़ूर, कहते थे कि भूत के पंजे तो पालने में ही दिखाई पड़ रहे हैं!

**औरंगज़ेब** : सुना है, चुनाव के लिए कोई पर्चा भरना होता है?

**दरबारी 6** : जी हुज़ूर, मजिस्ट्रेट के यहाँ जाना होता है पर्चा भरने।

**औरंगज़ेब** : जाना होगा? हमें?

**दरबारी 6** : जी हुज़ूर!

**औरंगज़ेब** : क्या कहा? हमें ख़ुद जाना होगा पर्चा दाख़िल करने? हमारा कोई हुक्मरान नहीं जा सकता है इस छोटे-से काम के लिए?

**दरबारी 6** : नहीं हुज़ूर, मजिस्ट्रेट के पास ख़ुद जाना होगा।

**औरंगज़ेब** : मैं जाऊँ इक टुटपुँजिया से मजिस्ट्रेट के दफ़्तर में? लानत है!

**गुप्ताजी** : आहिस्ते बोलें हुज़ूर! क्या पता, कोई स्टिंग ऑपरेशन न कर दे! आजकल ये पत्रकार स्टिंग ऑपरेशन बहुत कर रहे हैं।

**औरंगज़ेब** : ऑपरेशन? अरे न...तौबा-तौबा, पाइल्स के ऑपरेशन के बाद तो ऑपरेशन के नाम से ही रूह काँपती है। गुप्ताजी, सुनिए, इलेक्शन के लिए तो बहुत पैसा भी चाहिए होता है। कहाँ से आएगा इतना पैसा?

**गुप्ताजी** : चुनाव के नाम पर तो बहुत कमाई होती है हुज़ूर! बस, अपने अधिकारियों को ज़रा इशारा कर दें।

**औरंगज़ेब** : इशारा कर दें? यानी?

**गुप्ताजी** : जैसे अपने वो प्रदूषण वाले शर्मा जी ही हैं, ज़रा यमुना का प्रदूषण चेक करना शुरू कर दें, फिर देखिए, यहाँ नोटों की गंगा बह जाएगी, ताजमहल भी बन जाएगा उसी में। न जाने कितने विभाग के कितने इंस्पेकटर हैं अपने यहाँ। सबको लगा देते हैं। ज़रा क़ानूनों का अनुपालन शुरू कराएँ, फिर देखिए... क़ानून अपना काम करेगा और इंस्पेक्टर लोग अपना, यानी आपका...

**औरंगज़ेब** : अच्छा...पर ये सब देखेगा कौन? आप?

**गुप्ताजी** : जी हुज़ूर! हमेशा से आपकी ख़िदमत करी है हुज़ूर! यह भी करूँगा।

**औरंगज़ेब** : ठीक है गुप्ताजी! आप अच्छे ब्यूरोक्रेट हैं, ज़रा सँभालिए इस झंझट को।

**गुप्ताजी** : जी हुज़ूर, आप निश्चिंत रहें! मैं चलता हूँ हुज़ूर, इजाज़त दें। बहुत इन्तज़ाम करना है...

*[प्रकाश मन्द होने के साथ ही सब चले जाते हैं। गुप्ताजी मंच के अग्रिम भाग पर आ जाते हैं।]*

**गुप्ताजी** : भइयाजी से बात करते हैं। ऐसे कामों के लिए तो भइयाजी को साथ लेकर ही चलना ठीक रहेगा। मैं ख़ुद मिलकर आता हूँ। *(मोबाइल पर)* हाँ, हेलो... सुधीर?

**सुधीर** : *(फ़ोन की घंटी बजने पर दूसरे कोने से प्रवेश करते हुए)* यस सर!

**गुप्ताजी** : सुधीर, तुम ऑफिस में हो? अच्छा, ऐसा करो तुम, ज़रा भइयाजी के यहाँ पहुँचो...मैं सीधे वहीं आ रहा हूँ...कुछ खास काम है...हाँ...ओके? *(चले जाते हैं)*

**सुधीर** : ओके सर! *(फोन की घंटी पुन: बजती है)* हॅलो... हाँ, नहीं-नहीं, गुप्ता साहब नहीं हैं...कहाँ हैं? मुझे नहीं पता। मैं? मैं पीए हूँ। नहीं भाई, मैं पिये हुए नहीं हूँ, मैं सिर्फ़ पीए हूँ–गुप्ता जी का पीए हूँ... फ़ाइल? कौन सी फ़ाइल? कैसी फ़ाइल? यहाँ कोई फ़ाइल नहीं है। ये मेरे सेक्शन का काम भी नहीं है...नहीं भाई, मैं नहीं जानता...बड़े बाबू भले ही जानते होंगे...कहाँ हैं...मैं नहीं जानता...ये तो महेश ही बता पाएगा...वो यहाँ नहीं है...सुरेश से पूछ लो...नहीं, वो भी यहाँ नहीं है...सुरेश के बारे में दिनेश को पता होगा...नहीं, वो भी यहाँ नहीं है...अब तुमने काफ़ी मगज़ खा लिया है मेरा...चलो, बन्द करो, बाद में बात करना, छुट्टी का टाइम हो रहा है *(फ़ोन रखते हुए)* चलें भइयाजी के यहाँ, लगता है, कुछ नया ही नाटक होने जा रहा है अब...*(चला जाता है)*

*[दृश्य परिवर्तन। भइयाजी कुर्सी पर बैठे हुए हैं। सुधीर का प्रवेश।]*

**सुधीर** : कैसे हैं भइयाजी?

**भइयाजी** : ठीक हूँ, सुधीर बाबू! बहुत दिनों बाद आए इधर, सब ठीक तो है?

**सुधीर** : हाँ, सब ठीक है। बस, सोचा, आपका हाल-चाल ले लूँ। आप क्या कर रहे हैं आजकल?

**भइयाजी** : कुछ ख़ास नहीं। अब क्या बताएँ सुधीर बाबू! आप तो जानते ही हैं, भगवान का दिया सब कुछ है अपने पास। अब कुछ समाज सेवा करने की इच्छा जाग्रत् हो रही है मन में।

**सुधीर** : समाज सेवा, और आप? आप ठीक तो हैं न भइयाजी?

**भइयाजी** : हाँ-हाँ, क्यों?

**सुधीर** : तो बैठे-बैठे यह क्या सूझ रहा है आपको?

**भइयाजी** : अरे सुधीर बाबू, समाज के प्रति भी तो कुछ दायित्व है न मेरा। क्यों, कुछ ग़लत तो नहीं कह रहा हूँ मैं?

**सुधीर** : नहीं-नहीं, आपकी तबीयत ठीक नहीं लगती है। डॉक्टर वर्मा को बुलवा देता हूँ।

**भइयाजी** : नहीं, सुधीर बाबू, मैं बिलकुल ठीक हूँ। बस, यूँ ही ख़ाली बैठा-बैठा सोच रहा था-कुछ करा जाए। कितने दिन से कुछ नहीं कर रहा हूँ, यूँ ही निठल्ला सा बैठा हूँ। अब निःस्वार्थ सेवा करने का जी कर रहा है।

**सुधीर** : आप कुछ नहीं कर रहे हैं, यह कोई छोटी सेवा है समाज की? देश कृतज्ञ है आपका कि वो आपसे और आपकी सेवा से बचा हुआ है।

**भइयाजी** : आप तो मज़ाक कर रहे हैं सुधीर बाबू!

**सुधीर** : नहीं भइयाजी, देश का हाल बेहाल सिर्फ़ इस लिए है कि कुछ ज़्यादा ही लोग इसकी सेवा

करने पर तुले हुए हैं। देश की हालत इतनी ख़राब नहीं है कि उसे इतनी सेवा की ज़रूरत पड़े–ख़ासतौर से उनसे, जो निःस्वार्थ सेवा करते हैं। यह निःस्वार्थ सेवा बड़ी ख़तरनाक बीमारी होती है भइयाजी! इससे ज़रा परहेज़ करें।

**भइयाजी** : पर समाज के प्रति मेरा भी तो कुछ कर्तव्य है न!

**सुधीर** : यह तो वही बात हुई कि मान न मान मैं तेरा मेहमान! चाहे न चाहे, मैं तो तेरा बेड़ा ज़रूर पार करूँगा।

**भइयाजी** : दरअसल मैं कुछ और ही सोच रहा था।

**सुधीर** : आप सोचते बहुत हैं। अब क्या सोच रहे हैं?

**भइयाजी** : यही कि, ऊपरवाले का भी आदेश है कि अब देश की सेवा करो, वरना अब देखिए, ये अचानक चुनाव की घोषणा कैसे हो जाती? ज़रूर कोई दैवी इच्छा है इसके पीछे।

**सुधीर** : तो कैसे करेंगे सेवा इस बेचारे देश की?

**भइयाजी** : चुनाव लड़कर करूँगा।

**सुधीर** : तो आप चुनाव लड़ेंगे?

**भइयाजी** : ठीक समझा सुधीर बाबू आपने।

**सुधीर** : ये अचानक क्या सूझा आपको भइयाजी?

**भइयाजी** : क्या करें सुधीर बाबू, मुझ पर बड़ा सामाजिक दबाव भी पड़ रहा है।

**सुधीर** : सामाजिक दबाव?

**भइयाजी** : हाँ, जनता का बोझ। सभी कह रहे हैं कि बस, अब आपका ही सहारा है इस मुल्क को। जब लोग ऐसा कहें तो सुनना ही पड़ता है, है कि नहीं? मैं कुछ ग़लत तो नहीं कह रहा हूँ?

**सुधीर** : आपका कौन दुश्मन है जो कह रहा है ऐसी बात?

**भइयाजी** : अरे, कल की ही लें। मुन्ना ही कह रहा था। ये मुन्ना, मेरा नाती, अब पाँच साल का हो गया है, दुनियादारी समझने लगा है अब, कह रहा था...

**सुधीर** : मुन्ना...पाँच साल का...हाँ, क्या कह रहा था?

**भइयाजी** : बोला–नाना जी, आप बादशाह क्यों नहीं बन जाते? अब बताइए सुधीर बाबू, मैं क्या जवाब देता उसे?

**सुधीर** : हूँ....मुन्ना...तो ऐसा है सामाजिक दबाव आप पर!

**भइयाजी** : यह तो बस एक उदाहरण है, और भी लोग हैं....और भी बहुत लोग हैं। उदाहरण के लिए...

**सुधीर** : ऐसा एक ही उदाहरण काफी है भइयाजी...तो आप चुनाव लड़ने की सोच रहे हैं?

**भइयाजी** : मेरे सोचने न सोचने से अब क्या होता है? जब सारा समाज ही ऐसा सोच रहा है तो मैं अकेला क्या कर सकता हूँ?

**सुधीर** : सारा समाज...यानी मुन्ना और उसके दोस्त...आप सठिया गए हैं भइयाजी!

**भइयाजी** : नहीं, सुधीर बाबू...मैं जनता की पुकार सुन रहा हूँ।

**सुधीर** : अच्छा, जनता की पुकार! किस चैनल पर आती है यह पुकार? एफएम पर या टी.वी. पर? मुझे तो सुनाई नहीं पड़ती कभी!

**भइयाजी** : और कोई विकल्प भी तो नहीं है अब देश में। बादशाह का तो ज़माना चला गया। अब मुझे ही उठाना पड़ेगा यह बोझ, क्यों? शायद विधि का विधान यही है, मैं क्या कर सकता हूँ!

**सुधीर** : ये ही रह गया है देश का बंटाधार करने के लिए! चुनाव लड़ेंगे! चलिए, लेट जाइए, मैं डॉक्टर को बुलाता हूँ। देखिए भाभीजी, ये कैसी बहकी-बहकी सी बातें कर रहे हैं! कह रहे हैं, चुनाव लड़ेंगे! निरीह जनता बुला रही है इन्हें!

*[भइयाजी की पत्नी का प्रवेश]*

**भइयाजी की पत्नी** : क्या करूँ, सुधीर जी, जब से ये चुनाव की घोषणा हुई है, तभी से ये यही राग अलाप रहे हैं। लड़ने दो चुनाव...बाहर जाकर किसी और का दिमाग़ चाटें...मेरा तो दिमाग़ ही खा गए हैं।

**भइयाजी** : अच्छा, सुधीर बाबू, यह बताइए, सुना है, चुनाव के लिए कोई टिकट चाहिए होता है? यह टिकट कहाँ से मिलता है, और कितने का होता है यह टिकट?

**सुधीर** : ये सब आपके बस की बात नहीं है भइयाजी! आप ठहरे ईमानदार आदमी, कहाँ राजनीति में पड़ेंगे आप!

**भइयाजी** : अजी ऐसी तोहमत तो न लगाइए, सुधीर बाबू!

**सुधीर** : जानता हूँ भइयाजी! कितने केस चल रहे हैं आप पर। कैसे चुनाव लड़ पाएँगे आप? चुनाव आयोग आपका पर्चा ही रद्द कर देगा।

**भइयाजी** : क्यों भाई?

**सुधीर** : क़ानून है। अगर किसी पर अपराध का केस चल रहा हो तो वो चुनाव नहीं लड़ सकता।

**भइयाजी** : अब बताइए, ऐसा क़ानून बना के रख दिया है। ये भी कोई डेमोक्रेसी हुई? अब ऐसे माहौल में

चोर–डाकू बेचारे कहाँ जाएँगे? क्या करेंगे? भीख माँगेंगे क्या? आख़िर उनका भी कुछ हक़ बनता है, है कि नहीं? क्या वो देश के नागरिक नहीं हैं? लीजिए, गुप्ताजी भी आ गए!

**गुप्ताजी** : *(प्रवेश करते हुए)* कहिए भइयाजी, कैसे हैं?

**भइयाजी** : गुप्ता साहब, गुप्ता साहब...आइए–आइए! कैसे हैं? बहुत दिनों बाद दर्शन हो रहे हैं प्रभु के!

**गुप्ताजी** : ठीक हूँ भइयाजी! अच्छा, सुधीर, तुम आ गए! क्या बातें हो रही हैं?

**सुधीर** : सर, ड्रामे में एक नया मोड़ आ गया है। भइयाजी चुनाव लड़ने की सोच रहे हैं।

**गुप्ताजी** : क्या? क्या कहा? आप चुनाव लड़ेंगे? यह तो वाकई कहानी को एक नया ट्विस्ट देता है।

**भइयाजी** : हाँ, गुप्ता साहब, ऐसी ही ऊपर वाले की इच्छा लग रही है। कहिए, आप कैसे आए? कोई नया टेंडर निकाल रहे हैं क्या?

**गुप्ताजी** : अरे, पहले इस मुल्क का टेंडर तय हो जाए फिर देखते हैं। पर आप इस पचड़े में कहाँ से पड़ गए भइयाजी! ये चुनाव लड़ना आपके बस की बात नहीं है।

**सुधीर** : सर, मैं भी इन्हें ये ही समझा रहा हूँ, पर मानते ही नहीं।

**भइयाजी** : आप बताएँ, आप कैसे आए गुप्ता साहब?

**गुप्ताजी** : अब क्या बताएँ! जब आप ख़ुद ही बादशाह के ख़िलाफ़ चुनाव में खड़े हो रहे हैं तो मैं क्या बोलूँ, मैं किसलिए आया था। ये ख़बर बादशाह को तुरंत बतानी होगी। मैं चलता हूँ, पर आप ज़रा फिर से इस बारे में सोच लें भइयाजी, कहीं

लेने के देने न पड़ जाएँ। चलो सुधीर, मेरे साथ बादशाह के यहाँ चलो।

*[गुप्ताजी और सुधीर चले जाते हैं।]*

**भइयाजी** : ये वोट माँगा कैसे जाता है?

**भइयाजी की पत्नी** : हर एक से मुस्कुरा के, बत्तीसी निकाल के–हें-हें-हें करते हुए। गधे को भी बन्धु-बन्धु बोलकर, श्रीमान–श्रीमान कहते हुए, दोनों हाथ जोड़े हुए। और क्या, वोट कैसे माँगा जाता है!

**भइयाजी** : प्रैक्टिस करनी होगी। मैं ज़रा घूम के आता हूँ, जनसम्पर्क कर लूँ।

**भइयाजी की पत्नी** : जाओ–जाओ, अकल तो घास चरने गई ही है तुम्हारी, तुम भी चर आओ। मैं तो चली। *(चली जाती है।)*

*[एक भिखारी का प्रवेश]*

**भइयाजी** : श्रीमान, नमस्कार, ये आप क्या कर रहे हैं?

**भिखारी** : भीख माँग रहा हूँ, दिख नहीं रहा है क्या?

**भइयाजी** : आप भीख क्यों माँगते फिर रहे हैं श्रीमान?

**भिखारी** : तो क्या करूँ?

**भइयाजी** : श्रीमान, कुछ काम क्यों नहीं करते?

**भिखारी** : ये काम नहीं तो और क्या है?

**भइयाजी** : अरे, मतलब अपनी मेहनत का कोई काम क्यों नहीं करते श्रीमान?

**भिखारी** : बड़ी मेहनत का काम है ये। कभी भीख माँगकर देखो ज़रा।

**भइयाजी** : मेरा मतलब है कि ऐसा कुछ काम करिए श्रीमान कि आप अपने पैरों पर खड़े हो सको।

**भिखारी** : अपने ही पैरों पर खड़ा हूँ, कोई आपके पैरों पर नहीं।

**भइयाजी की पत्नी** : *(प्रवेश करते हुए)* सोच लीजिए, ऐसे ही भीख माँगनी पड़ेगी वोटों के लिए।

**भिखारी** : अच्छा, तो आप वोट माँग रहे हैं? मैं तो समझा था कि पागलखाने से भाग के आए हो जो मुझे श्रीमान-श्रीमान कहे जा रहे हो! मैं चला। जो ख़ुद मँगता है, उससे क्या माँगूँ? *(चला जाता है)*

**भइयाजी की पत्नी** : सुन लिया? लताड़े जाओगे। भाषण दोगे तो जूते पड़ेंगे।

**भइयाजी** : भाषण? हाँ, भाषण देने की भी प्रैक्टिस करता हूँ। भाइयो और बहनो...

**भइयाजी की पत्नी** : यहाँ तो सिर्फ़ मैं हूँ।

**भइयाजी** : मुझे प्रैक्टिस करने दो...हाँ, तो भाइयो और बहनो, भाइयो और बहनो, भाइयो और बहनो...

*[ज्योतिषी का प्रवेश होता है।]*

**ज्योतिषी** : ये क्या भाइयो और बहनो, भाइयो और बहनो रटे जा रहे हो! बौरा गए हो क्या?

**भइयाजी** : श्रीमान, नमस्कार। मैं भाषण देने की प्रैक्टिस कर रहा हूँ!

**ज्योतिषी** : क्यों भाई, चुनाव लड़ने जा रहे हो क्या?

**भइयाजी** : आप सही ज्योतिषी हैं, सब समझ गए। हाँ, मैं चुनाव में खड़ा हो रहा हूँ।

**ज्योतिषी** : पर क्यों?

**भइयाजी** : समाज कल्याण के लिए।

**ज्योतिषी** : आप समाज का कल्याण क्यों करना चाह रहे हैं?

**भइयाजी** : मुझे इस मुल्क का उद्धार करना है।

**ज्योतिषी** : आख़िर इस मुल्क ने आपका क्या बिगाड़ा है जो आप इसका उद्धार करना चाह रहे हैं?

**भइयाजी** : मुझे देश के लिए बहुत-कुछ करना है। ग़रीबी दूर करनी है।

**ज्योतिषी** : अच्छा!

**भइयाजी** : भ्रष्टाचार दूर करना है।

**ज्योतिषी** : अच्छा, आप कहीं दूर जा रहे हैं क्या?

**भइयाजी** : मैं समाज की सेवा करना चाहता हूँ, देश की सेवा...आपकी सेवा...

**ज्योतिषी** : आप बड़े कंफ़्यूस्ड लग रहे हैं। पहले तय कर लीजिए कि आप मेरी सेवा करना चाहते हैं, देश की या समाज की।

**भइयाजी** : मैं आपकी सेवा करना चाहता हूँ।

**ज्योतिषी** : अच्छा, तो चलिए, मेरा पैर दबाइए। बड़ा दर्द हो रहा है। बहुत चलना पड़ा है आज।

**भइयाजी** : मैं तेरे पैर दबाऊँ?

**ज्योतिषी** : हाँ, क्योंकि मैं देख रहा हूँ, तेरा अनिष्ट समय आ रहा है। राहु, केतू, शनि, ढैया, साढ़ेसाती– सब तख़्ते-ताऊस पर बैठे तेरी प्रतीक्षा कर रहे हैं। पहले इन्हें शान्त कर बालक, फिर चुनाव की सोच। समझा? *(चला जाता है)*

**भइयाजी** : शनि, ढैया, साढ़ेसाती, तख़्ते-ताऊस-ये क्या माजरा है?

**भइयाजी की पत्नी** : देख लिया? बहुत नाक रगड़नी पड़ेगी। चलते-चलते पैरों में छाले पड़ जाएँगे। चुपचाप घर चलो अब। सठिया गए हैं पूरे। मैं तो चली। जब चुनाव अभियान पूरा हो जाए तो घर आ जाना। *(चली जाती है।)*

*[दृश्य परिवर्तन। गुप्ताजी और सुधीर चले जा रहे हैं। दरबारी 2 एवं दरबारी 4 का दूसरी तरफ़ से प्रवेश।]*

**दरबारी 2** : अच्छा हुआ, आप आ गए गुप्ता जी! जल्दी चलिए, बादशाह सलामत आपका इन्तज़ार कर रहे हैं।

**गुप्ताजी** : देखिए, हम लोग गौरमेंट सर्वेंट हैं। हमें कोई भी काम जल्दी में करना शोभा नहीं देता है।

**दरबारी 4** : बादशाह इज़ वेटिंग फॉर यू साहब!

**गुप्ताजी** : चल रहा हूँ, चल रहा...चलिए...बड़ा बुरा हाल हो रहा है इस बगीचे का। कोई देखनेवाला नहीं है क्या कोई यहाँ?

**दरबारी 4** : क़ज़ा के फूल पर आती कभी बाहर नहीं।

**गुप्ताजी** : अबे चुप! बता, माली कहाँ चला गया है?

**दरबारी 4** : माली? नो माली, क्योंकि ख़ज़ाना हो गया है ख़ाली। ऐसी है बदहाली, बादशाह की तो बज गई है ताली, बस रह गई है कंगाली।

**गुप्ताजी** : ऐसा बुरा हाल हो गया है शाही ख़ज़ाने का? क्या हाल बना डाला है, कुछ करते क्यों नहीं?

**दरबारी 2** : हम क्या करें, अब आप ही कुछ करिए गुप्ता साहब!

**गुप्ताजी** : ओफ्फो, मुझे बताया होता... ख़ैर, मैं कुछ इन्तज़ाम करता हूँ। आप पैसे की चिन्ता न करें। ऊपरवाले का दिया बहुत-कुछ है मेरे पास। सुधीर, शाम को घर से कुछ ले आना यहाँ, पर ध्यान से, ये सीबीआई वाले आजकल फ़ोन भी टेप कर रहे हैं...चलिए, बादशाह से मिलते हैं...

*[औरंगज़ेब साधारण सी कुर्सी पर बैठा है। गुप्ताजी पास पहुँचते हैं और आदाब करते हैं।]*

**औरंगज़ेब** : आइए गुप्ताजी, मैं कब से इन्तज़ार कर रहा था आपका।

**गुप्ताजी** : मुझे मिस कॉल दे दिया होता हुज़ूर, मैं तुरन्त चला आता।

**दरबारी 1** : अब आपसे क्या छुपाना गुप्ता साहब! बादशाह मोबाइल को रिचार्ज नहीं करा पा रहे हैं, सो आउट गोइंग बन्द हो गई है।

**दरबारी 3** : लैंडलाइन भी काट दिया है। गधों को पोज़ीशन का ज़रा सा भी लिहाज़ ही नहीं रहा है। हद हो गई है बदतमीज़ी की भी।

**दरबारी 2** : मैं तो शुरू से कहता था कि इस टेलिकॉम को प्राइवेट सेक्टर में मत करो, पर मेरी कोई सुने तब न! अभी सरकारी होता तो मजाल है कि कोई बादशाह का ही फ़ोन काट दे!

**औरंगज़ेब** : अरे, फ़ोन नहीं हुआ तो क्या हुआ?

**गुप्ताजी** : सर, मेरे पास ये एक एक्स्ट्रा मोबाइल है, आप रख लीजिए।

**औरंगज़ेब** : नहीं-नहीं, आपका पहले ही बहुत अहसान हो चुका है मुझ पर।

**गुप्ताजी** : अरे रख लीजिए! तोहफ़ा समझ लीजिए हुज़ूर!

**दरबारी 2** : मैं कहता हूँ कि आपको मोबाइल कम्पनी खोल देनी चाहिए गुप्ता साहब...पर आप मेरी सुनेंगे तो है नहीं।

**गुप्ताजी** : आपकी सुनता तो आज मैं जेल में होता।

**दरबारी 4** : क्या बात है! वो तो अब भी जा सकते हैं।

**गुप्ताजी** : सरकारी नौकर हूँ। रोज़ सुबह ऑफ़िस जाते समय रास्ते में ही बेल ले लेता हूँ। पता नहीं, किस बात पर जेल जाने का फ़रमान आ जाए!

**औरंगज़ेब** : ये कैसा मोबाइल है? इसमें तो बटन ही नहीं है!

**गुप्ताजी** : आई पैड है हुज़ूर, टच स्क्रीन।

**औरंगज़ेब** : अरे, यह आइपेड़ क्या बला होती है? मुझे तो ये इस्तेमाल करना भी समझ नहीं आएगा! रोज़-रोज़ कोई नया नमूना आ जाता है बाज़ार में, और उसे चलाना भी एक झंझट! उसका यूजर मैनुअल लिये झींकते रहो, या छोटे बच्चों का सहारा लो! उनसे पूछते फिरो कि इसे इस्तेमाल कैसे करें!

**गुप्ताजी** : बड़ा आसान है जनाब! जब घंटी बजे तो बस, यहाँ दबा दीजिए, यहाँ...ऐसे...*(तभी फ़ोन की घंटी बजती है)*

**औरंगज़ेब** : हाँ...हॅलो...

**चारु** : *(नेपथ्य से)* गुडमॉर्निंग सर! ज़ेड बैंक से मैं चारु बोल रही हूँ। हमारे बैंक ने लोन लेने के लिए एक नई स्कीम निकाली है। अगर आपको मकान ख़रीदना हो, कार लेनी हो, फ्रिज, वॉशिंग मशीन,

प्रेशर कुकर के लिए, सब्ज़ी ख़रीदने के लिए या किसी और काम के लिए लोन लेना हो तो...

**औरंगज़ेब** : अरे, सुनो तो...

**चारु** : *(नेपथ्य से)* देखिए, मुझे बीच में न टोकिए, नहीं तो मैं भूल जाऊँगी कि मुझे क्या कहना है, और अगर मैं भूल गई तो बॉस ग़ुस्सा हो जाएगा, और बॉस ग़ुस्सा हो गया तो मेरी जॉब चली जाएगी और मेरी जॉब चली गई तो मेरी शादी...ओफ़्...मैं क्या कह रही थी...देखा...सब गड़बड़ कर दिया न आपने बीच में टोक के...

**औरंगज़ेब** : ताजमहल बनवाने के लिए लोन मिलेगा...अरे, काट दिया फ़ोन ही...

**गुप्ताजी** : अरे, बादशाह का तख़्त-ए-ताऊस कहाँ चला गया?

**दरबारी 6** : बिक गया, नीलाम करना पड़ा। आप तो समझते नहीं कि शाही-ख़ज़ाने का हाल कितना ख़स्ता है। और कोई चारा नहीं रहा, सो बेचना पड़ा। अब आपको क्या-क्या बयां करूँ! दुकानों के बिल्स पे करने को पड़े हैं, उधार मिलना बन्द हो चुका है, बादशाह तो बीड़ी पीने पर उतर आए हैं।

**औरंगज़ेब** : कोई ग़म नहीं, कोई ग़म नहीं। वैसे भी पाइल्स हो जाने के बाद तख़्त पर बैठने में बड़ी तकलीफ़ होती थी, काँटों की सेज लगता था। आपको कभी पाइल्स हुई है गुप्ताजी?

**गुप्ताजी** : नहीं हुजूर, मुझे ऐसा सौभाग्य कभी प्राप्त नहीं हुआ।

**औरंगज़ेब** : ख़ुदा न करे, आपको कभी हो भी...पर इन दुष्ट पत्रकारों को ज़रूर होनी चाहिए, तभी उन्हें मज़ा

आएगा! पता चलेगा, दूसरे के उँगली करने से क्या होता है!...हाँ, और उस जज को तो ज़रूर होनी चाहिए जिसने मेरा तख़्त छीना। शायद उसे है भी, तभी उसे हमेशा मिर्ची लगती रहती है। यह क्या है गुप्ताजी?

**गुप्ताजी** : इक छोटा-सा तोहफा है। हवाना का सिगार है हुज़ूर! हुक्का ज़रा चिक नहीं लगता।

**औरंगज़ेब** : चिक? ये क्या होता है?

**गुप्ताजी** : पता नहीं हुज़ूर, पर सिगार चिक होता है, रख लीजिए।

**औरंगज़ेब** : आप तो नाहक तक़ल्लुफ़ में पड़ गए। इस फोरमेलिटी की क्या ज़रूरत थी! ख़ैर, थैंक यू गुप्ता साहब! अच्छा, बताइए, क्या ख़बर है?

**गुप्ताजी** : क्या बताऊँ! गया था भइयाजी के पास, पर वो तो ख़ुद चुनाव लड़ने के लिए उतारू बैठे हैं।

**औरंगज़ेब** : भइयाजी? ये भइयाजी हैं कौन चीज़, कौन हैं ये?

**दरबारी 1** : एक बिज़निस मैन हैं।

**औरंगज़ेब** : बिज़निस मैन तो सभी हैं आजकल। काहे का बिज़निस है इनका?

**दरबारी 3** : कॉन्ट्रैक्टर हैं हुज़ूर!

**औरंगज़ेब** : यानी ठेकेदार हैं। जीसस क्राइस्ट...तो अब यह वक़्त आ गया है...कि मेरे ख़िलाफ़ ये चुनाव लड़ेंगे! यह वही भइयाजी है न जिसने ताजमहल बनाने का काम लिया था? यह हैसियत हो गई है उसकी! कल तक मकबरे का ठेका लेता था, अब मुल्क का ठेका लेना चाह रहा है? पूरे मुल्क को मकबरा बना देगा ये। जानता हूँ, ताजमहल प्रोजेक्ट में ख़ूब कमाया उसने। मुझे याद है, अब्बू के

सामने आने की हिम्मत भी नहीं पड़ती थी साले की, भीगी बिल्ली बना गुप्ताजी के पीछे खड़ा मिमियाता रहता था। और अब मुझे ही चुनौती दे रहा है। उसकी यह बिसात! यही है न प्रजातंत्र आप लोगों का, कि मेरा ही ठेकेदार मेरे ख़िलाफ़ चुनाव लड़ने की सोच रहा है! यही दिन देखना रह गया था! कल को कोई चायवाला भी खड़ा हो जाएगा मेरा मुक़ाबला करने।

**दरबारी 4** : यह तो वही बात हुई कि मेढकी को वाइरल, नहीं-नहीं, निमोनिया हो गया।

**औरंगज़ेब** : चुप कर, वो क्या जाने शासन और प्रशासन!

**दरबारी 1** : अगर तनेजा को साथ लें? वो भी बहुत पैसे वाले व्यापारी हैं।

**दरबारी 5** : वो तो पहले ही बिक चुका है। भइयाजी ने उसे भी ख़रीद लिया है। भइयाजी तो आपको भी ख़रीदना चाह रहे हैं हुजूर! वो कह रहे हैं कि अगर आप उनके पक्ष में चुनाव से हट जाएँ तो बाद में वो आपको किसी सूबे का गवर्नर बना देंगे।

**औरंगज़ेब** : उसकी ये मजाल! राम-राम, घोर कलियुग आ गया है!

**गुप्ताजी** : एक बात कहूँ हुज़ूर?

**औरंगज़ेब** : हाँ, कहिए!

**गुप्ताजी** : आप कुछ दिनों के लिए इस देश को अपने हाल पर अकेला छोड़ दीजिए। रहम करिए इस देश पर। आपके पिताजी, दादा, नाना सबने काफी सेवा कर ली, अब कुछ दिनों की राहत दीजिए, साँस तो ले लेने दीजिए इस मुल्क को!

**औरंगज़ेब** : और हम कर भी क्या सकते हैं–मतलब, मुल्क की सेवा के अलावा! पर आप ऐसा क्यों कह रहे हैं गुप्ताजी?

**गुप्ताजी** : ये मेरी अन्तरात्मा की आवाज़ है हुज़ूर!

**औरंगज़ेब** : अन्तरात्मा की आवाज़? आप तो सरकारी नौकर हैं गुप्ताजी! आपको अन्तरात्मा से क्या करना?

**गुप्ताजी** : मैं भी इंसान हूँ हुज़ूर!

**औरंगज़ेब** : नहीं–नहीं, गुप्ताजी, आप इनसान नहीं, मात्र एक ब्यूरोक्रेट हैं। एक गौरमेंट सर्वेंट। आप निर्लिप्त हैं, निर्विकार, निर्गुण, निरपेक्ष, निराकार, स्वच्छ, ब्रह्म की तरह हैं। फिर ये आत्मा कहाँ से घुस गई आपमें? अन्तरात्मा जैसी चीज़ें क्यों पाल के रखते हैं जनाब, बोलिए, क्यों? आपमें अन्तरात्मा नहीं हो सकती। होनी भी नहीं चाहिए। अन्तरात्मा... हुँह...ये ज़्यादा बोलेगी तो प्रशासन का भट्ठा ही बैठ जाएगा।

**गुप्ताजी** : बात तो ठीक है, पर कभी–कभी निकल ही पड़ती, क्या करें!

**औरंगज़ेब** : गुप्ताजी, कंट्रोल, कंट्रोल योरसेल्फ। मैं बताता हूँ, आप क्या करें। आप प्रचार की कुछ तैयारी कीजिए। जनता को कुछ दिखाना है। कुछ उद्घाटन करने होंगे। वो जो पीने के पानी की पाइप लाइन पड़नी थी, उसका क्या हुआ?

**गुप्ताजी** : पाइप लाइन पड़ी तो थी पर चोरी चली गई हुज़ूर!

**औरंगज़ेब** : और बिजली?

**गुप्ताजी** : बिजली के खम्बे तो लग गए थे पर आँधी में उखड़ गए, फिर कोई उन्हें उठा ले गया।

**औरंगज़ेब** : और सड़क, वो तो चोरी नहीं चली गई कहीं?

**गुप्ताजी** : नहीं हुज़ूर, वो तो बनना शुरू ही नहीं हुई।

**औरंगज़ेब** : बहुत अच्छा प्रचार होगा मेरा। दारा शिकोह इन सब मुद्दों को उठाएगा। मेरी छीछालेदर करेगा। ताजमहल की मीनारों का ही उद्घाटन कर दें।

**दरबारी 1** : हुज़ूर, मीनारें बनी ही कहाँ? वहाँ तो मोबाइल टावर लगा दिए गए थे।

**दरबारी 4** : क्या बात है!

**गुप्ताजी** : आजकल की मीनारें ऐसी ही होती हैं। ये नया डिज़ाइन है।

**दरबारी 4** : क्या बात है!

**दरबारी 6** : वैसे भी आप अब कोई उद्घाटन नहीं कर सकते हुज़ूर!

**औरंगज़ेब** : क्यों?

**दरबारी 6** : हुज़ूर, चुनाव आयोग ने आचार संहिता लगा दी है।

**औरंगज़ेब** : अचार? ये अचार कहाँ से आ गया?

**दरबारी 6** : आचार संहिता, कोड ऑफ कंडक्ट हुज़ूर! अब कोई उद्घाटन-वुद्घाटन नहीं हो सकता।

**औरंगज़ेब** : बाक़ी लोग कोई कम थे जो ये चुनाव आयोग भी मेरे पीछे पड़ गया है!

**दरबारी 5** : वैसे भी वो मीनारें...यानी मोबाइल टावर...वो भी कल रात गिर गई हैं।

**दरबारी 4** : क्या बात है!

**औरंगज़ेब** : कहीं से कोई अच्छी ख़बर नहीं आती है क्या?

**दरबारी 2** : आप मेरी मानेंगे तो हैं नहीं, पर मैं कह रहा हूँ, आप चिन्ता न करें हुज़ूर! अन्त में जीत हमेशा सत्य और धर्म की ही होती है।

**औरंगज़ेब** : मुझे इसी बात का तो डर है!

**दरबारी 1** : हुज़ूर, अभी-अभी मैसेज आया है कि दारा शिकोह ट्रक के नीचे कुचलकर मर गया।

**दरबारी 4** : क्या बात है!

**दरबारी 2** : मैं कहता था दारा जी से कि ज़्यादा न पिया करें पर मेरी वो कब सुनने वाले थे!

**औरंगज़ेब** : रियली? लगता है, मेरे बुरे दिन ख़त्म हो रहे हैं। ईश्वर उसकी आत्मा को शान्ति दे...मेरी आत्मा को तो शान्ति मिल ही गई...साढ़ेसाती और ढैया गए, राहु और केतु भी शान्त हो गए लगता है।

**दरबारी 2** : मैं कह रहा था न...

**औरंगज़ेब** : तो अब मुक़ाबला भइयाजी से रह गया है! इनसे कैसे निबटा जाए?

**गुप्ताजी** : उनको समझाने तमाम इंस्पेक्टरों को भेज दिया गया है। ज़रा उनके टैक्सों की जाँच होगी, शर्मा जी उनका प्रदूषण चेक करेंगे। क़ानूनों का अनुपालन कराया जाएगा। वो बिजनिसमैन हैं, समझदार आदमी हैं, समझ जाएँगे। आप आराम करें हुज़ूर! मैं ज़रा भइयाजी का हाल लेकर आता हूँ।

*[दृश्य परिवर्तन। भइयाजी चले जा रहे। शर्माजी का प्रवेश।]*

**शर्माजी** : नमस्कार भइयाजी, कैसे हैं आप?

**भइयाजी** : नमस्कार, नमस्कार शर्मा जी, ठीक हूँ। आप बताइए, इधर कैसे आना हुआ?

**शर्माजी** : कुछ नहीं, मैं तो बस ऐसे ही निकला था, प्रदूषण चेक कर रहा हूँ।

**भइयाजी** : कोई नया अभियान चल रहा है क्या?

**शर्माजी** : हाँ, आजकल प्रदूषण बढ़ भी बहुत गया है...आपके होटल भी गया था...बन्द करना पड़ेगा उसे तो। आपकी फ़ैक्टरियाँ भी चैक करनी हैं।

**भइयाजी** : क्यों शर्माजी, क्या हो गया अब?

**शर्माजी** : वही, प्रदूषण, कुछ करते भी नहीं आप। आप तो ख़ुद ही समझदार हैं।

**भइयाजी** : समझा...अच्छा, आप ख़ुद ही बता दीजिए, कितना प्रदूषण बनता है?

**शर्माजी** : आप मेरे ईमान का सौदा करना चाह रहे हैं?

**भइयाजी** : जी हाँ। बिजनिसमैन हूँ भाई! सौदा ही करता हूँ। बोलिए, दस लाख?

**शर्माजी** : आप सोचते हैं कि दस लाख में आप मेरा ईमान ख़रीद लेंगे?

**भइयाजी** : जी हाँ।

**शर्माजी** : मेरा ईमान इतना सस्ता नहीं है।

**भइयाजी** : तो कितना चाहिए आपको?

**शर्माजी** : एक करोड़।

**भइयाजी** : एक करोड़! आपकी मज़ाक करने की आदत नहीं गई। आप अपना ईमान अपने पास ही धरे रहिए...एक करोड़....इतने में तो मिनिस्टर मिल जाता है। क़ानून ही बदला जा सकता है।

**शर्माजी** : अच्छा, पचास लाख।

**भइयाजी** : नो।

**शर्माजी** : अच्छा पच्चीस।

**भइयाजी** : नो।

**शर्माजी** : आप मुझे ख़रीदना चाहते हैं न?

**भइयाजी** : जी हाँ।

**शर्माजी** : तो ख़रीदते क्यों नहीं? आप आदमी हैं कि पैजामा? अच्छा, बीस। फाइनल। और कैश।

**भइयाजी** : ओके, चुनाव का समय है, हर एक चीज़ के दाम बढ़े हुए हैं वरना मैं दस लाख के ऊपर एक चवन्नी भी नहीं देता।

**शर्माजी** : मैं भी चुनाव की वजह से ज़रा जल्दी में हूँ, वरना...

**भइयाजी** : अच्छा, एक बात बताइए...

**शर्माजी** : हाँ, बोलिए, क्या बात है?

**भइयाजी** : मैं भी आपकी ही बिरादरी का हूँ।

**शर्माजी** : तो?

**भइयाजी** : फिर आप मुझसे भी?

**शर्माजी** : भइयाजी, देखिए, इस मामले में मैं बिलकुल सेक्यूलर हूँ, निरपेक्ष। मैं कोई जात-पाँत का भेद-भाव नहीं करता। अच्छा, चलता हूँ, जल्दी में हूँ...हाँ, जाते-जाते एक सलाह और दे दूँ। आप चुनाव से हट जाइए।

**भइयाजी** : क्यों?

**शर्माजी** : आप बादशाह से टक्कर लेंगे? जानते हैं, क्या हश्र होगा? सभी जाँच एजेंसियाँ आपके पीछे पड़ जाएँगी, छापे पड़ेंगे, पुराने टैक्स वसूले जाएँगे। गड़े क्या, सड़े हुए मुर्दे भी उखाड़े जाएँगे। आपका बिजनिस बैठ जाएगा। कुड़की होगी। आप कंगाल हो जाएँगे। जेल भी जाना पड़ सकता है, समझ गए?

**भइयाजी** : पर जाँच एजेंसियाँ तो स्वतंत्र होती हैं?

**शर्माजी** : जी हाँ। बादशाह ने उन्हें स्वतंत्र रहने की स्वतंत्रता फिलहाल दी हुई है। तभी आपका जो हाल होगा,

आप जानते नहीं। आपकी चीत्कार कोई सुननेवाला नहीं होगा। बादशाह के रास्ते से हट जाइए भइयाजी! दिमाग़ से इस प्रदूषण को निकाल दीजिए। शान्ति से बैठिए। बादशाह अगर जीत जाते हैं तो ताजमहल का ठेका आपको ही मिलेगा। अच्छा, मैं चलता हूँ, अभी बहुत प्रदूषण चेक करना है। और हाँ, हमें तख़्ते-ताऊस के बारे भी में पता चल गया है।

**भइयाजी** : तख़्ते-ताऊस?

**शर्माजी** : जी हाँ। ओके। फिर मिलेंगे। *(चले जाते हैं)*

**भइयाजी** : फिर तख़्ते-ताऊस? हे भगवान! ये क्या चक्कर है? ये कौन आ रही है?

*[पत्रकार 2 (मुक्ता) का प्रवेश। कोने में एंकर 2 (पंकज) बैठ जाता है।]*

**पंकज** : चों चों चैनल आज आपको मिलवा रहा है भइयाजी से जिनका इस चुनाव में सीधा मुक़ाबला है औरंगज़ेब से और हमारी रिपोर्टर मुक्ता इनसे बात कर रही हैं। हाँ मुक्ता, ज़रा पूछो तो इनसे, ये चुनाव क्यों लड़ रहे हैं?

**मुक्ता** : भइयाजी, आप ये चुनाव क्यों लड़ रहे हैं?

**भइयाजी** : मेरी लड़ाई सिद्धान्तों की है, नैतिक मूल्यों की है।

**मुक्ता** : आई सी!

**भइयाजी** : मैं दरअसल तानाशाही और भ्रष्टाचार से लड़ रहा हूँ।

**पंकज** : मुक्ता, इनसे पूछो, अगर ये जीत गए तो भ्रष्टाचार कैसे दूर करेंगे?

**मुक्ता** : आप भ्रष्टाचार कैसे दूर करेंगे भइयाजी?

**भइयाजी** : मैं...

**पंकज** : मुक्ता, इनसे पूछो, ये ताजमहल घोटाला क्या है?

**मुक्ता** : भइयाजी, ताजमहल घोटाले के बारे में आपको क्या कहना है?

**भइयाजी** : मैं तो...

**पंकज** : इनसे पूछो, क्या ये ताजमहल घोटाले की नए सिरे से जाँच कराएँगे?

**मुक्ता** : भइयाजी, आप...

**पंकज** : और मुक्ता, इनसे पूछो तो ज़रा...

**मुक्ता** : पंकज, तुम मुझे बात भी करने दोगे या ख़ुद ही बोले जाओगे? भइयाजी, अगर आप...

**पंकज** : अच्छा, इनसे पूछो ज़रा कि तख़्ते-ताऊस कहाँ है?

**मुक्ता** : तख़्ते-ताऊस कहाँ है?

**भइयाजी** : तख़्ते-ताऊस? फिर तख़्ते-ताऊस! मुझे क्या पता? मेरा कोई टेंट हाउस का धन्धा है?

**पंकज** : दर्शको, देखिए, ये इन मुद्दों पर बोलना ही नहीं चाह रहे हैं। चलिए, इनसे कुछ और मुद्दों पर बात करते हैं। मुक्ता, इनसे पूछो, गे मैरिज के बारे में इनका क्या विचार है?

**मुक्ता** : गे मैरिज के बारे में आपके क्या विचार हैं?

**भइयाजी** : गे? गे? गे? क्या गे? कौन गे? कब गे? कहाँ गे?

**पंकज** : यानी होमो-सेक्सुअलिटी के बारे में इनका क्या विचार है, ज़रा पूछो तो सही मुक्ता!

**मुक्ता** : पंकज, क्या बकवास कर रहे हो! ये कोई चुनावी मुद्दा है?

**पंकज** : ज़रा पूछो तो सही।

मुक्ता : आर यू मैड?

भइयाजी : लड़कियाँ ये क्यूँ पूछती हैं कि आर यू मैड?

मुक्ता : यू शट अप!

पंकज : ऐसे मत बोलो मुझसे। जो मैं कह रहा हूँ, वो पूछो।

मुक्ता : मैं नहीं पूछती ऐसे बेवकूफ़ी के सवाल।

पंकज : एंकर मैं हूँ कि तुम?

मुक्ता : ऐसी बात है तो तुम ही बात कर लो, मैं तो जा रही हूँ यहाँ से।

पंकज : तुम तो बस कुकरी कम्पटीशन के लिए ही ठीक हो। देखना, आनेवाले डॉग शो को कवर करने के लिए तुम्हें ही भेजा जाएगा।

मुक्ता : क्यों? तुम्हें उसमें फर्स्ट प्राइज़ मिलनेवाला है क्या?

पंकज : मुक्ता!

मुक्ता : देखो, तुम ऐसा करना, वहाँ काला पट्टा पहनकर आना और फड़ फड़ फड़ दुम हिलाना, जैसे तुम ब्यूरो चीफ़ के सामने हिलाते हो। मैं तुम्हें पहचान लूँगी और मैं अपना कैमरा तुम पर खास फोकस करूँगी। बस, कैमरा देखकर ज़ोर-ज़ोर से भौंकना मत शुरू कर देना।

पंकज : चुप रहो। ऐसे मत बोलो मुझसे, यू ईडियट!

मुक्ता : यू ईडियट!

पंकज : यू शट अप!

मुक्ता : यू शट अप! यू होमोसेक्सुअल, लफंगे!

पंकज : तुम पछताओगी मुक्ता! मैं अभी ब्यूरो चीफ़ को बोलता हूँ, तुम्हें इस चैनल से ही निकाल दिया जाएगा।

**मुक्ता** : अरे भाड़ में जाए तुम्हारा ब्यूरो चीफ़ और भाड़ में जाए तुम्हारा चैनल! पचासों चैनल पड़े मेरे लिए।

**पंकज** : मैं तुम्हें देख लूँगा।

**मुक्ता** : और भाड़ में जाओ तुम भी।

**पंकज** : शाम को घर आना तो देखता हूँ।

**मुक्ता** : अब घर आएगी मेरी माँ, यू गो टू हेल। *(कैमरा फेंककर चली जाती है)*

**पंकज** : अब लगता है, मुझे कमर्शियल ब्रेक लेना होगा। *(चला जाता है)*

**भइयाजी** : अजीब लड़की थी, अपना कैमरा भी फेंककर चली गई...पर ये तख़्ते-ताऊस का क्या चक्कर है? हे भगवान, कैसा सिर में दर्द हो रहा है! घर ही चला जाए, हो गया मेरा चुनावी रोड शो पूरा। अब ये कौन आ रहा है?

*[एक नागरिक प्रवेश करता है।]*

**नागरिक** : भइयाजी...भइयाजी...निराला नगर में बड़ी गड़बड़ हो गई है।

**भइयाजी** : वहाँ के लोग ही निराले हैं, कोई क्या करे! क्या हो गया?

**नागरिक** : वहाँ पानी नहीं आ रहा है।

**भइयाजी** : अरे पानी नहीं आ रहा है तो मैं क्या करूँ? मेरी जेब में पानी भरा है क्या?

**नागरिक** : ऐसे बोलते हैं जनता से? मिल गया फिर वोट आपको। आइएगा मेरे मोहल्ले में, अंडे मिलेंगे खाने को। *(चला जाता है)*

**भइयाजी** : एक बार यह चुनाव हो जाने दो, फिर देखता हूँ इस जनता को। न पुलिस से डंडे पड़वाए तो नाम नहीं! *(चले जाते हैं)*

*[भइयाजी के मंच से चले जाने के साथ दृश्य परिवर्तन।*

*मंच पर तख़्ते-ताऊस पर भइयाजी की पत्नी बैठी हैं। भइयाजी का प्रवेश।]*

**भइयाजी** : अरे, ये क्या है?

**भइयाजी की पत्नी** : देखो-देखो, हमारा नया सोफा सेट।

**भइयाजी** : ये यहाँ कैसे आया?

**भइयाजी की पत्नी** : लाल क़िले के बाहर नीलामी चल रही थी सो मैंने ख़रीद लिया, अच्छा है न?

**भइयाजी** : इसका तुम क्या करोगी?

**भइयाजी की पत्नी** : इस पर बैठकर तुम्हारे लिए स्वेटर बुनूँगी! तुम भी बैठो न, काफी बड़ा है ये। हम दोनों इस पर एक साथ बैठ सकते हैं। बड़ा मज़ा आएगा, है न?

**भइयाजी** : बड़ा मज़ा आएगा की दुम, अरी बेवकूफ़, अकल मारी गई है तुम्हारी? तुम जानती भी हो, ये क्या उठा लाई हो? ये तख़्त-ए-ताऊस है-तख़्ते- ताऊस!

**भइयाजी की पत्नी** : तख़्ते-ताऊस? ये क्या होता है?

**भइयाजी** : अरे, बादशाह का सिंहासन, और तू इसे ख़रीद लाई?

**भइयाजी की पत्नी** : तो क्या हुआ?

**भइयाजी** : क्या हुआ? अरी गधी, सबको पता चल जाएगा, बल्कि शायद पता चल भी चुका है। तभी सब मुझसे पूछ रहे थे।

**भइयाजी की पत्नी** : पता चल गया तो क्या?

**भइयाजी** : इन्कम टैक्स वाले छापा मारेंगे, सीबीआई रेड करेगी। बादशाह को पता चल जाएगा, ब्लैक लिस्ट हो जाऊँगा। जेल, कुछ भी हो सकता है!

**भइयाजी की पत्नी** : ओह नो!

**भइयाजी** : ओह नो की नानी, तुम इतनी बे-अकल हो, देखना, जेल में चक्की पीसने के लिए तुझे भी साथ ले जाऊँगा।

**भइयाजी की पत्नी** : मैं क्या जानती थी कि ये क्या है...अब क्या करें?

**भइयाजी** : कम से कम इस पर कवर चढ़ा दो, आँखों में चुभ रहा है।

**भइयाजी की पत्नी** : तो क्या आज के ज़माने में कोई आराम से बैठ भी नहीं सकता?

**भइयाजी** : नहीं, बिलकुल नहीं। काँटों की सेज है ये।

**भइयाजी की पत्नी** : मैं इस पर कुशन चढ़ा देती हूँ।

**भइयाजी** : ठीक है, बैठी रहो इसी पर भस्सक्का मार के। तुम्हें भी बादशाह की तरह ही...डॉक्टर वर्मा को बुलाना पड़ेगा।

**भइयाजी की पत्नी** : और तुम बैठे रहो ऊँट की तरह मुँह लटकाए।

**भइयाजी** : अब मैं चुनाव नहीं लड़ूँगा।

**भइयाजी की पत्नी** : अच्छा ही है।

*[गुप्ताजी का प्रवेश]*

**गुप्ताजी** : कैसे हैं भइयाजी? क्या हुआ, मूड इतना ख़राब सा क्यों हो रहा है आपका? अरे वाह भाभी जी, ये मैं क्या देख रहा हूँ...!

**भइयाजी** : देखो-देखो, आप भी देखो गुप्ता साहब!

**गुप्ताजी** : ऐसा भी क्या हो गया!

**भइयाजी** : गुप्ता साहब, अब मैं चुनाव नहीं लड़ूँगा।

**गुप्ताजी** : आई सी!

**भइयाजी** : गुप्ता साहब, मेरा एक काम कर दीजिए, मेरे लिए एक कमंडल मँगा दीजिए और गेरुए कपड़े।

**गुप्ताजी** : कमंडल? गेरुए कपड़े? क्यों भइयाजी?

**भइयाजी** : मैं संन्यास लेने जा रहा हूँ। हिमालय जाकर किसी गुफा में रहूँगा।

**गुप्ताजी** : क्यों? ऐसा क्या हो गया?

**भइयाजी** : जेल जाने से तो अच्छा ही है कि हिमालय चला जाऊँ!

**गुप्ताजी** : जेल जाएँ आपके दुश्मन! भइयाजी, आप मौज करेंगे।

**भइयाजी** : क्या मौज! एक यही मौक़ा था राज करने का, पर अब सब गया। अब मैं चुनाव नहीं लड़ूँगा।

**भइयाजी** : ये तो ख़ैर, आपने अकल की ही बात करी है, पर इसमें इतना दुखी होने की क्या बात है? देखिए भइयाजी, इस दुनिया में हर एक का अपना काम होता है। हर एक कोई अपनी नियति के अनुसार ही चलता है। आपका काम बिज़निस का है, न कि राज-पाट का। मैं भी अपना ही काम कर सकता हूँ, किसी और का नहीं। जहाँ तक शासन का प्रश्न है, जब तक इनसान स्वयं अपना अनुशासन नहीं कर पाएगा तब तक उसे कोई न कोई शासक चाहिए होगा। औरंगज़ेब कोई व्यक्ति नहीं है, वह एक व्यवस्था का नाम है और यह व्यवस्था हमेशा राज करेगी। राज-पाट करना हमारा काम नहीं है। हमारा काम है इस व्यवस्था का उपभोग करना। शासक, वो तो आते-जाते रहेंगे। पर हम लोग शाश्वत हैं। हम लोग ऐसे ही रहेंगे, हमेशा, हर व्यवस्था में, घुन की तरह, दीमक की तरह। जश्न मनाइए, ताजमहल का ठेका अब आपको ही मिलेगा। जाइए, तख़्ते-ताऊस पर बैठने का मज़ा लीजिए। और मैं चलता हूँ, ज़रा बादशाह को ये अच्छी ख़बर दे दूँ। *(चले जाते हैं)*

*[दृश्य परिवर्तन। दरबार का दृश्य। दरबारी खड़े हैं। गुप्ताजी का प्रवेश।]*

**गुप्ताजी** : आलमपनाह कहाँ हैं? उन्हें ख़ुशख़बरी सुनानी है।

**दरबारी 1** : क्या ख़बर है गुप्ता साहब?

**गुप्ताजी** : भइयाजी चुनाव से हट गए हैं।

**दरबारी 1** : लगता है, आख़िर में उन्हें समझ आ गई।

**शर्माजी** : समझ आती कैसे नहीं, मैंने उन्हें समझाया ही कुछ इस तरह से था!

**दरबारी 4** : सुभे का भूखा अगर शाम को खा ले तो उसे भूखा नहीं कहते।

**गुप्ताजी** : बादशाह को इत्तिला करो। मैं उनके लिए मुकुट भी लाया हूँ।

*['ब मुलाहिज़ा होशियार....ख़बरदार' की आवाज़ के साथ औरंगज़ेब का प्रवेश। वो कुर्सी पर बैठ जाता है।*

*गुप्ताजी काँटों से भरा हुआ एक मुकुट निकालकर उसे दिखाते हैं।]*

**गुप्ताजी** : बधाई हो हुज़ूर, बधाई!

**दरबारी 4** : क्या बात है?

**औरंगज़ेब** : ये...ये तो काँटों का ताज है गुप्ताजी!

**दरबारी 4** : ये तो वही बात हुई कि आसमान से गिरे और मोबाइल टावर में अटके।

**औरंगज़ेब** : ये...ये...गुप्ताजी!

**गुप्ताजी** : यही डेमोक्रेसी का ताज है हुज़ूर, फिर भी बधाई! लीजिए, इसे पहन लीजिए।

**दरबारी 2** : आराम से, आराम से...

**औरंगज़ेब** : ऊह...

**दरबारी 2** : मैं कहे जा रहा था आराम से, आराम से लेकिन गुप्ता साहब मेरी कोई बात कभी सुनें तब न!

**गुप्ताजी** : अब ताजमहल का उद्‌घाटन भी किया जा सकता है। चलें हुज़ूर, अब देर न करें।

**सभी** : बधाई हुज़ूर, बधाई!

**दरबारी 2** : मैं तो पहले ही कहता था न कि आख़िर में सत्य और धर्म की ही जीत होती है लेकिन...

**सभी** : लेकिन कोई आपकी सुने तब न! हाँ, नहीं तो!

[**पटाक्षेप**]

□□□